Geld verdienen im Internet:

Wie Sie mit Amazon FBA zwischen 3000 und 10000 Euro passives Einkommen generieren, ortsunabhängig leben und reich werden. Eine Schritt für Schritt Anleitung zur Selbstständigkeit.

Sven Koch

Inhaltsverzeichnis

Einführung

Haben Sie mit dem Gedanken gespielt ein Online-Business aufzubauen, um die Möglichkeit zu haben von zu Hause zu arbeiten? Wenn man beginnt zu untersuchen wie dies verwirklicht werden kann, erkennt man was für eine riesige Menge an Arbeit notwendig ist. Man muss eine Webseite erstellen, Besucher auf die Webseite bringen, Bestellungen erfüllen (vorausgesetzt, dass man diese erhält!) und einen Kundenservice bieten. Das stoppt die meisten Leute davon, den Anfang zu einem Online-Business zu wagen.

Sie werden jedoch überrascht darüber sein zu erfahren, dass es nicht so arbeitsaufwendig sein muss und dass es einen alternativen Weg gibt. Amazon hat die perfekte Lösung für diejenigen geschaffen, die sich der Welt des Online-Verkaufs ohne die Kopfschmerzen anschließen wollen.

Amazon hat Logistikcenter erschaffen, die üblicherweise als FBA (Fulfillment by Amazon) bezeichnet werden. Die Idee dahinter war es einen schnelleren Lieferservice für die Kunden bereitzustellen, sowie einen Weg zu bieten, der die Probleme die mit dem Onlineverkauf für die Betreiber verbunden sind, zu lösen. Dem Großteil der Leute gefällt die Idee online zu verkaufen. Sie sind jedoch nicht daran interessiert den Bestand zu organisieren, Bestellungen aufzugeben, das Produkt zu verpacken und den Versandt zu regeln.

Amazon FBA schafft Abhilfe für die Kopfschmerzen des Online-Verkaufs, indem der Großteil der Arbeit für Sie abgewickelt wird. Das einzige was Sie tun müssen ist ihre Produkte in eines der Lager von Amazon zu senden. Diese kümmern sich dann um die Entnahme, die Verpackung und um den Versandt. Die Gebühr für diese Leistung beläuft sich durchschnittlich auf 25% pro Produk. Das ist jedoch kein hoher Kostenpunkt wenn man bedenkt, dass die eigenen Produkte so zu Millionen von Leuten auf der ganzen Welt gebracht werden. Die meisten Schwierigkeiten die mit dem Onlineverkauf in Zusammenhang stehen, werden so aus dem Weg geräumt. Deshalb ist es keine Überraschung, dass viele Online-Verkäufer diese Leistung vollständig in Anspruch nehmen.

In der Regel teilen sich Amazon-Verkäufer in zwei unverwechselbare Kategorien. Die erste Kategorie sind die „Wiederverkäufer", sie beschaffen ihre

Produkte bei Großhändlern, bei Abkäufen von Warenlagern, Flohmärkten, Discount-Geschäften usw. Diese Verkäufer suchen nach Wiederverkauf-Geschäften, die sich auf die Differenz zwischen den Beschaffungskosten und dem Verkaufspreis des Produkts auf Amazon konzentrieren. Diese Differenz, abzüglich der von Amazon verrechneten Gebühren ist der Profit des Verkäufers. Obwohl das ein hochwertiges Geschäftsmodell ist, wird es nicht von diesem Buch behandelt.

Die zweite Kategorie, jene auf welche sich dieses Buch konzentriert, sind die „Verkäufer von Eigenmarken". Das sind jene Personen, die danach streben ihre eigene Online-Marke zu schaffen. Diese Verkäufer erwerben Produkte direkt vom Hersteller. Sie erstellen ihre eigene Verpackung, die Marke und das Logo, bevor sie das Endprodukt als ihr eigenes vermarkten. Der Vorteil dieses Geschäftsmodells ist, dass Sie ein tatsächliches Unternehmen aufbauen indem Sie eine Marke schaffen. Diese Marke kann im Laufe der Zeit aufgebaut werden und vielleicht als funktionierendes Business verkauft werden.

Der Handel mit Eigenmarken ist ein Geschäft wie kein anderes. Es kann mit weniger als €1.000 begonnen und aufgebaut werden. Obwohl es mit einem gewissen Aufwand verbunden ist, kann es von jedermann erreicht werden. Dieses Buch wird Ihnen die Grundlage zur Verfügung stellen, um damit zu beginnen Ihr eigenes Unternehmen aufzubauen. Es wird Ihnen die notwendigen Tipps und Werkzeuge geben, um den Weg der finanziellen Unabhängigkeit einzuschlagen. Jedes Kapitel liefert Ihnen einen Plan mit dem Sie Schritt für Schritt ihr Geschäft aufbauen. Bis zu dem Moment, in welchem Sie Ihr erstes Produkt auf Amazon haben. Das kann in einem Monat erreicht werden, realistisch gesehen nimmt es in der Regel aber einen Zeitraum von 90 Tagen in Anspruch.

Es gibt viele verfügbare Kurse, die Ihnen dieses Geschäftsmodell näherbringen. Sie bringen jedoch Kosten mit sich, die €4.000 übersteigen. Einige Leute bevorzugen diesen Weg, obwohl alle erforderlichen Informationen und Ressourcen um dieses Geschäft zu erlernen, bereits ohne zusätzliche Kosten online verfügbar sind. Dieses Buch behandelt nicht jedes kleine Detail aber es gibt Ihnen eine gute Grundlage für den Start. Wenn Finanzen kein Problem sind, haben Sie vielleicht die Absicht einen Online-Kurs zu erwerben, um den Lernprozess zu beschleunigen. Mein Ratschlag ist es jedoch dieses Geld zu behalten, um es in ihre erste Warenlieferung zu investieren. Indem Sie Ihr Geld für den Bestand ausgeben und den ganzen Prozess durchgehen, erhalten Sie die beste Ausbildung zu diesem Thema.

Ein Unternehmen für Eigenmarken aufzubauen ist nicht nur eine Möglichkeit um eine Menge Geld zu verdienen, sondern es bedeutet, dass Sie einen Lebensstil gestalten können, bei dem Sie von jedem Ort arbeiten, Zeit mit ihrer Familie verbringen können und nicht von den Einschränkungen betroffen sind, die andere Unternehmen mit sich bringen. Eine Partnerschaft mit Amazon bedeutet, den größten Marktplatz auf der Welt greifbar zu haben. Der Vorteil in Bezug auf den Nutzen der Markenloyalität ist enorm, da die Kunden Amazon vertrauen. Sie wissen, dass sie im Fall von Problemen die Möglichkeit haben das Produkt innerhalb von 30 Tagen zurückzusenden und den vollen Preis ohne irgendwelche Probleme zurückerstattet bekommen. Der Umsatz von Amazon steigt Jahr für Jahr und es gibt keine Anzeichen einer Abschwächung.

In den nächsten Kapiteln werde ich Ihnen Schritt für Schritt erklären was Sie tun müssen. Sie werden herausfinden, dass es nicht so kompliziert ist wie sie gedacht haben.

Worauf warten Sie? Lassen Sie uns beginnen!

Kapitel 1 – Der Weg zum Erfolg

Lassen Sie uns zu Beginn einen Blick auf das Konzept werfen. Ihr Ziel sollte es sein eine Marke aufzubauen. Amazon wird nicht ihr Business sein, sondern nur die Plattform die Sie verwenden, um die Marke einzuführen. Sobald Sie ihre erste Marke entwickelt und eingeführt haben können Sie planen eine weitere aufzubauen.

Der größte Fehler der von neuen Verkäufern gemacht wird besteht darin, nach Produkten zu suchen die sie verkaufen können. Man sollte allerdings zuerst nach einem Bereich suchen, um welchen sich eine Marke bauen lässt. Es hat keinen Sinn zu beginnen Handytaschen zu verkaufen und dann dazu überzugehen Küchenmesser zu verkaufen. Das führt zu keiner Marke. Wenn Sie mit dem Verkauf von Handytaschen beginnen, erstellen Sie eine Linie von Taschen für alle Modelle und verfügbaren Telefone. Der springende Punkt Amazon zu nutzen besteht darin, eine echte Marke und ein echtes Unternehmen aufzubauen.

Ihr erstes Produkt

Es gibt mehrere Kriterien die das beste erste Produkt bestimmen. Es sollte ihnen allerdings klar sein, dass Ihr erstes Produkt mit höchster Wahrscheinlichkeit nicht alle der Kriterien erfüllen wird. Die folgenden Orientierungspunkte sind momentan die aktuellsten. Bitte beachten Sie, dass es sich um eine zufällige Liste ohne Reihenfolge handelt.

1. Preis €10 - €50

Dieses Modell eignet sich um nach einem Produkt suchen, das einen ausreichend hohen Preis hat, um Ihnen eine Handelsspanne zu verschaffen. Der Preis sollte jedoch nicht so hoch sein, dass es unmöglich ist einen Bestand zu erwerben. Sie müssen dies allerdings nach Ihrem eigenen Budget bewerten.

2. BSR < 500

Der Bestsellers Sales Rank (BSR) ist die Rangordnung des Verkaufsvolumens jedes Produkts in einer bestimmten Kategorie. Sie können die BSR-Rangliste in den Produktdetails jedes Produkts finden, gemeinsam mit der

Rangliste in der Unterkategorie. Sie suchen nach einem großen Markt aus dem sie hoffentlich ihren eigenen kleinen Teil herausholen können.

Wenn Sie in die Richtung einer Produktkategorie gehen die auf Amazon angeführt ist, klicken Sie auf die Rangliste und Amazon offenbart Ihnen die Bestsellers jeder Kategorie. Von hier müssen Sie beginnen jede Kategorie und Unterkategorie nach Produkten zu durchsuchen, die Ihnen ins Auge springen. Dieses kostenlose Instrument wird von Amazon bereitgestellt http://profitspotlight.com/top_picks. Sie müssen dem Marketing-System beitreten, um kostenlosen Zugriff auf den Service zu erhalten. Dieser zeigt Ihnen die am meisten profitablen Artikel auf Amazon. Des Weiteren können Sie die Produkte nach Preis, Kategorie, Bewertungen usw. sortieren. Es gibt eine Menge Dinge, die Sie bei der Verwendung dieses Instruments untersuchen sollten, einschließlich ob es nur einen Top-Verkäufer mit hohem BSR in dieser Nische gibt oder ob die Produkte 2-20 auch einen guten BSR haben. Es ist den Versuch wert, das Verkaufsvolumen der ganzen Nische zu beurteilen, da Ihnen das ebenso einen guten Einblick darüber verschafft wie viel sie in der Lage sein werden zu verdienen.

Tipps, um das Verkaufsvolumen einzuschätzen

Wenn Sie sich einen Überblick über potentielle Konkurrenten verschaffen wollen, führen sie die folgenden Schritte aus:

- Wählen Sie ein Produkt (das privat verkauft wird, aber unter den FBA aufscheint)

- Fügen Sie das Produkt in den Warenkorb

- Ändern Sie den Warenkorb

- Wählen Sie im Drop-Down-Menü die Anzahl der Einheiten, die Sie erwerben wollen

- Fügen Sie 10+ ein, dann 999, das ist die größte Anzahl, die Sie eingeben können, da man nicht mehr als 1000 Produkte in den Warenkorb fügen kann

- Klicken Sie auf aktualisieren

Indem Sie das tun bekommen Sie falls der Verkäufer weniger als 1000 Stück auf Lager hat eine Nachricht, die Ihnen mitteilt, dass der Verkäufer nur xxx Einheiten des Produkts verfügbar hat. Wenn Sie sehen wollen, ob ein anderer Verkäufer einen größeren Bestand hat, gehen Sie auf die Detailseite des Produkts. Falls die Bestellung akzeptiert wird, wissen Sie, dass der Verkäufer mehr als 1000 Stück Bestand hat, wählen Sie ein anderes Produkt und starten Sie erneut.

Wenn Sie herausfinden, dass ein Verkäufer weniger als 1000 Einheiten eines Produkts auf Lager hat, notieren den verfügbaren Bestand. Kehren Sie jeden Tag zur gleichen Zeit zurück und prüfen Sie die Verfügbarkeit, das wird Ihnen eine gute Schätzung davon geben, wie sich das Produkt verkauft. Es gibt ein kostenpflichtiges Werkzeug von Amazon, das als Amazon Shark https://amzshark.com/ bekannt ist, welches Sie mit dieser und anderen Analysen gegen eine monatliche Gebühr beliefert.

3. Bewertung unter 500

Käufer suchen nach dem Beweis, dass das Produkt das hält was es verspricht, dass es von guter Qualität ist usw. Sie wollen sehen, was andere über das Produkt zu sagen haben. Wenn Ihre Hauptmitstreiter Tausende 5-Sterne-Bewertungen haben, ist es wirklich schwierig, mit ihnen zu konkurrieren. Sobald Sie Ihr Produkt erworben haben und es an Amazon gesendet haben, muss Ihre Priorität darin bestehen Bewertungen zu bekommen.

4. Potential für Eigenmarke

Sie müssen nach einem Produkt suchen, das keinen wirklichen Markennamen hat. Diese Produkte neigen dazu generischer zu sein, eine Hundeleine hat beispielsweise einen bestimmten Namen ist dem Haustiergeschäft aber es besteht die Chance, dass es kein gebräuchlicher Begriff ist.

5. Leicht und klein

Im Idealfall sollte Ihr erstes Produkt klein und leicht sein, da Sie so wenig wie möglich für den Versand ausgeben wollen. Wenn Ihr Produkt von Übersee kommt und Express geschickt werden kann statt mit Standardversand, kann Ihr Unternehmen schneller operieren und Ihr Geschäft wird in der Lage sein, früher den Bestand aufzustocken. Das optimale Gewicht ist weniger als ein ein halbes Kilo.

6. Verbrauchbar

Idealerweise ist Ihr Produkt verbrauchbar. Denken Sie an Multilevel-Marketing-Unternehmen, all ihre Produkte sind konsumierbar. Verbrauchsartikel sind Produkte, die die Leute mögen und immer wieder erwerben, damit machen sie das Geschäft stabil und nachhaltig. Der Großteil der verbrauchbaren Produkte ist in die Kategorie Gesundheit und Schönheit zu finden. Das ist eine Nische in der die Konkurrenz nach und nach zunimmt.

7. In der Nähe beschaffen

Viele beschaffen den Großteil Ihrer Produkte aufgrund der geringen Kosten in China. Wenn Sie jedoch Produkte in Ihrer Nähe finden können, müssen Sie sich nicht um den Versand, Zoll, Steuern usw. kümmern und letztlich wird der Prozess dadurch erleichtert.

Bitte erinnern Sie sich daran, dass es sich nur um Ratschläge handelt. Es ist sehr unwahrscheinlich, dass Sie in der Lage sein werden ein Produkt zu finden, das die oben genannten sieben Eigenschaften hat. Sie müssen diese jedoch in Betracht ziehen.

Es gibt eine Menge Tücken die für neue Verkäufer häufig problematisch sind, einschließlich:

1. Patente

Bevor Sie eine Bestellung für Produkte tätigen prüfen Sie unbedingt doppelt, dass keine Rechtsverletzungen in Bezug auf Patente bei der Gestaltung bestehen. Es ist einfach gefälschte Produkte aus China zu bekommen, die identisch wie die Artikel auf Amazon sind.

2. Haftungsaspekte

Sie müssen in Betracht ziehen, ob das Risiko besteht, dass Sie jemand verklagten könnte. Zwei Artikel, die einem hier sofort in den Sinn kommen sind Gesundheits- und Schönheitsprodukte. Jeder Verkäufer benötigt eine Haftpflichtversicherung, wobei Kapitalgesellschaften das Risiko teilweise verringern, trotzdem werden Sie Gerichtsverfahren absolut vermeiden wollen.

3. EPA-Vorschriften / FDA-Zulassung

Es gibt einige Produkte die kostspielige Tests benötigen könnten, um in bestimmten Märkten verkauft zu werden und das letzte das sie wollen ist, dass Ihre Produkte im Zoll hängenbleiben nachdem Sie dafür bezahlt haben.

4. Saisonale Produkte

Es ist klar, dass sich bestimmte Produkte besser in unterschiedlichen Zeiten des Jahres verkaufen. Deshalb müssen Sie während der Analyse darüber nachdenken, ob das Produkt nur in bestimmten Zeiträumen einen hohen BSR hat. Es ist kein Problem saisonale Produkte zu verkaufen, Sie wollen sich jedoch sicher nicht mit einem riesigen Bestand an Weihnachtsdekoration mitten im Sommer wiederfinden.

Wenn Ihnen einer der oben genannten Vorsichtshinweise Sorge bereitet, sollten Sie entweder nach alternativen Produkten suchen die einfacher auf den Markt zu bringen sind oder die Beratung eines qualifizierten Versicherungsbrokers und Anwalts in Anspruch nehmen. Beginnen Sie mit einfachen Produkten, bei denen Sie keine Bedenken haben und geben Sie auf die obigen Punkte Acht.

Aktionsplan

1. Planen Sie ein Paar Stunden ein die Sie auf Amazon verbringen können. Sie sind nicht für anstrengende Überlegungen gedacht, deshalb sollten eine bis zwei Stunden am Abend ausreichend sein.

2. Nehmen Sie Stift und Papier, beginnen Sie die unterschiedlichen Kategorien auf Amazon zu durchstöbern.

3. Machen Sie eine Liste der Kategorien, die Sie am meisten interessieren. Zum Beispiel, wenn Sie eine Leidenschaft für Kunst und Handwerk haben, könnten Farbe und Stoffe die passende Nische für Sie sein.

4. Suchen Sie nach Produkten in Ihrer Nische, die sich gut verkaufen (BSR unter 500 in ihrer Kategorie.)

5. Sobald Sie den Markt gefunden haben der Sie am meisten interessiert, beginnen sie eine Liste von 10 - 25 Produkten zu erstellen, um die Sie eine Marke aufbauen könnten.

6. Erforschen Sie einige unterschiedliche Kategorien und verschaffen Sie sich einen Einblick in die Märkte, in die Sie überlegen einzutreten.

Kapitel 2 – Produkt und Marke

Dieses Kapitel widmet sich der Idee eine Marke zu bilden, da Sie ein Unternehmen aufbauen wollen und eine Marke gründen wollen, anstatt nur Produkte zu verkaufen. Es ist wichtig, dass Sie sich an diesen Punkt erinnern, sowie dass Sie 10 – 25 Produkte in Ihrer gewählten Nische suchen, mit denen Sie die Marke erschaffen können.

Während Sie Amazon nach neuen absetzbaren Produkten durchsuchen, nehmen Sie all die unterschiedlichen Marken wahr, betrachten Sie die Logos und die Verpackung und prüfen Sie, ob die Konkurrenz mehrere Produkte in Ihrer Nische hat.

Als Besitzer einer Marke sollten Sie danach streben ihre eigene USP (Unique Selling Proposition) zu erstellen und deshalb müssen Sie sich selbst fragen, was wird Ihre Produkte von all den anderen verfügbaren unterscheiden? Es könnte Ihre eigene einzigartige Verpackung sein oder vielleicht werden die Produkte aus ökologisch nachhaltigen Materialien erstellt. Denken Sie an einige der großartigsten Marken, zum Beispiel Apple. Sie werden schnell realisieren, dass Steve Jobs sich nie darum gesorgt hat, hunderte unterschiedliche Produkte zu erstellen, er war mehr daran interessiert, jedes Produkt richtig zu erzeugen von dem Moment, in dem der Kunde die Verpackung öffnet bis zum Ende der Verwendung. Dieser bereitgestellte Prozess ist eine einzigartige Erfahrung.

SWOT-Analyse

Während Sie nach ihrer eigenen Nische suchen, erstellen Sie eine SWOT-Analyse bezüglich Ihrer Konkurrenz.

S – Strenght (Stärke)

Womit ist Ihre Konkurrenz erfolgreich? Suchen Sie 5-Sterne-Bewertungen und erörtern Sie genau, was den Kunden an diesem Produkt gefällt. Das sind die Dinge, die Sie dann in Ihrem Produkt versuchen, wiederzugeben.

W – Weakness (Schwäche)

Suchen sie die schlechteren Bewertungen mit 1 oder 2 Sternen, um zu sehen womit die Kunden in dem Produkt unzufrieden waren. Untersuchen Sie ob es eine einfache Veränderung für Ihr Produkt gibt oder ob Sie zusätzliche Eigenschaften zu Ihrem Produkt fügen können um es besser zu machen. Dieser Teil der Analyse ist vital, da er Sie mit wertvollen Informationen beliefert um sich von Ihren Konkurrenten abzuheben.

O – Opportunity (Möglichkeit)

Wie ist der Gesamtmarkt für ihre Nische, wird er wachsen oder schrumpfen? An diesem Punkt ist ratsam Google Trends zu verwenden, um nach Märkten zu suchen die sich ausbreiten. Um Ihre eigene Nische herauszuarbeiten müssen Sie nach einem beständigen Markt suchen der sich langsam ausbreitet.

T – Threat (Bedrohung)

Welche Bedrohungen für den Markt gibt es in Ihrer Nische? Sie versuchen ein langfristig nachhaltiges Geschäft aufzubauen und nicht schnelle Verkäufe zu erreichen. Denken Sie darüber nach ob die Nische in einem Bereich ist, in dem sich die verwendete Technologie schnell verändert und besteht das Risiko, dass das Produkt obsolet wird?

Die Stärken und Schwachen liegen innerhalb Ihres Produkts, während die Möglichkeiten und Bedrohungen extern sind und den Gesamtmarkt betreffen. Analysieren Sie jede Nische sorgfältig und ziehen Sie die folgenden Punkte in Betracht wenn Sie ihre Produkte auswählen.

Vorteile und Produkteigenschaften

Qualität

Wenn Sie die Konkurrenzprodukte durchgehen, betrachten Sie sorgfältig die Qualität. Fragen Sie sich ob Sie das Produkt kaufen würden. Vermitteln Ihnen die Verkaufsmaterialien wie der Titel, die Beschreibung und die Bilder, dass es ein qualitativ hochwertiges Produkt ist? Idealerweise suchen Sie nach Produkten und Nischen die sich gut verkaufen aber Raum für Verbesserung haben, unabhängig davon ob im Produkt oder in dem Listing.

Verpackung

Die Verpackung kann einen riesigen Unterschied dabei ausmachen, wie das Produkt aufgenommen wird. Obwohl zwei Produkte identisch sind und eines davon eine bessere Verpackung hat, wird letzteres als qualitativ hochwertiger angesehen.

Preis

Wenn Sie nach Produkten suchen die Sie verkaufen können, nehmen Sie die Preise wahr die sich gut verkaufen. Erinnern Sie sich daran, dass Sie auf der Suche nach einer Nische sind in der sie 20 – 50 Verkäufe pro Tag erreichen können. Untersuchen Sie jede Kategorie, in der Sie in der Lage sein könnten, ein Produkt zu einem höheren Preis zu verkaufen und welche Eigenschaften das Produkt benötigen würde, um zu diesem Preis verkauft zu werden.

Alternativ versuchen einige Verkäufer mit dem Verkaufsvolumen bei Produkten mit geringeren Preisen zu punkten. Hier müssen Sie herausfinden, ob es einen Weg gibt um einen hochwertigen Artikel zu einem wirklich konkurrenzfähigen Preis bereitzustellen. Das endet jedenfalls in der Regel mit einer geringen Gewinnspanne für jedes verkaufte Stück aber wenn Sie die Verkaufsmenge erreichen können, könnte es trotzdem profitabel für Ihren Nettogewinn sein.

Es gibt keinen einzigen Weg der perfekt für jedes Szenario ist, aber die wichtigste Regel ist es sicherzustellen, dass Sie nicht an der Qualität sparen. Wenn Sie das tun riskieren Sie unglückliche Kunden, schlechte Bewertungen und ein riesiges Volumen an zurückgesendeten Produkten.

Aktionsplan

1. Wenn Sie Amazon auf der Suche nach Produkten durchkämmen, denken Sie darüber nach, wo Sie Ihre Marke sehen.

2. Was können Sie tun, damit sich Ihr Produkt von dem Rest abhebt?

3. Fahren Sie damit fort, sich Notizen zu den Produktmöglichkeiten zu machen und versuchen Sie Ihre Wahl in eine oder zwei Nischen einzugrenzen, denen Sie wirklich ihre Zeit widmen wollen und mit denen Sie sich wirklich befassen wollen.

Kapitel 3 – Was sind Produkte mit Eigenmarken (Private Lable Products)

Amazon ist seinem Namen treu, vor allem für diejenigen, die keine Erfahrung in dem Gebiet haben. Als eines der größten Online-Verkaufsportale ist es ein Muss für alle Verkäufer von Eigenmarken und der perfekte Weg, um neue Produkte auf den Markt zu bringen. In diesem Kapitel werfen wir einen Blick auf die Struktur der Seite von Ihrer Perspektive als Verkäufer. Dieses Kapitel nimmt ebenso die Vorteile des Verkaufs von Eigenmarken unter die Lupe und erklärt, wie man neuen Verkäufern die beste Möglichkeit gibt, ein nachhaltiges und stabiles Geschäftsmodell zu entwickeln.

Produkte mit Eigenmarken gegen Weiterverkauf

Amazon-Verkäufer teilen sich in zwei Gruppen. Jene die Einzelhandelsprodukte erwerben und sie auf Amazon mit Gewinn wieder verkaufen, und jene die Produkte mit Eigenmarken bieten, die sie von einer direkten Quelle erworben haben. Die Logik hinter dem Weiterverkauf ist einfach und attraktiv, da der Verkäufer beliebte Produkte mit einer Gewinnspanne absetzt. Somit können diese Weiterverkäufer einen schnellen Gewinn erreichen. Es gibt jedoch viele Nachteile dabei die auf der Tatsache beruhen, dass der Verkäufer das Produkt eines anderen verkauft. Außerdem ist die Möglichkeit für den Verkäufer eine Art von Marke zu entwickeln extrem beschränkt. Der Wiederverkauf limitiert das Potential der Verkäufer, Produkte in den „eingeschränkten Kategorien" auf Amazon zu verkaufen. Wenn das Produkt des Verkäufers nicht in der geeigneten Kategorie aufgelistet werden kann, wird es in der Kategorie „Alles Weitere" aufgelistet welche klarerweise die potentiellen Verkäufe weiter beschränkt.

Produkte mit Eigenmarken

Um ein FBA-Geschäft mit Eigenmarken zu beginnen, muss der Verkäufer darauf vorbereitet sein, Geld auszugeben bevor er einen Ertrag daraus erhält. Das bedeutet nicht, dass der Verkauf von Produkten mit Eigenmarken eine Option ist die nur Leuten zu Verfügung steht, die bereits in einem anderen Geschäftsprojekt Erfolg hatten. FBA ist für den Großteil der Leute zugänglich die sich bereits selbst finanzieren oder ein wenig Geld haben mit dem sie arbeiten können. Ein Vorteil ist, dass der Verkäufer sein Geschäft und die Produktwahl so ausrichten kann, damit es das Budget, die Zeit und Energie widerspiegelt, die er hat.

Kapitel 4 – Produkte suchen und finden

Es gibt eine riesige Anzahl von Produkten, die durch FBA verkauft werden können. Diejenigen die keine Erfahrung mit Marketing oder Produktentwicklung haben, bekommen leicht das Gefühl, dass sie sich mit einem schwierig aufzubauenden Business beschäftigen. In diesem Kapitel werde ich einige einfache Wege beschreiben um das Verstehen der Produktkategorien zu erleichtern. Außerdem werde ich die Schritte aufzeigen, die Sie machen können um das richtige Produkt zu wählen, sowie Sie beginnen Ihre Marke und ihr Unternehmen aufzubauen.

<u>Wählen Sie Ihren Markt und Ihr Produkt</u>

Wenn Sie das richtige Produkt wählen ist es einfach, ein FBA-Geschäft zu starten. Die wichtigste Frage die bei der Suche nach dem Produkt gestellt werden muss ist, ob Sie in der Lage sind eine Marke um das Produkt aufzubauen. Amazon ist eine exzellente Ressource für Leute die danach streben ihr eigenes Geschäft zu beginnen, da eine starke Marke tatsächlich die echte Grundlage für ein erfolgreiches Business ist. Der erste Schritt ist es, ein absetzbares Produkt zu wählen.

Um Ihre Produktwahl zu beginnen sollten Sie eine Liste der Dinge schreiben, die sie gerne machen. Diese Liste sollte Hobbys, Familienaktivitäten oder auch nur die täglichen Pflichten und Aufgaben einschließen, die ihr Leben bestimmen. Dann sollten Sie an die Dinge denken, die sie verwenden um diese Sachen zu bewerkstelligen. Wenn Sie etwas täglich verwenden besteht die Möglichkeit, dass Tausende andere Leute das ebenso tun und jeder dieser Artikel könnte ein großartiges erstes Produkt sein. Alternativ können Sie eine Liste all der Dinge schreiben, die Sie in einem Tag berühren. Die Durchführung dieser Übungen wird Ihnen einen tieferen Einblick über die Art der Artikel geben, die die Leute am meisten benötigen.

Einige der erfolgreichsten FBA-Verkäufer sehen sich Shopping-Kanäle an, um eine bessere Vorstellung der verfügbaren Produkte zu erhalten. Das ist ebenso ein Weg um eine bessere Vorstellung davon zu bekommen, welche Produkte Sie interessieren könnten und wie Sie ihr Unternehmen weiter zum Wachsen bringen können.

Es ist empfehlenswert einen Blick auf EBay und Amazon zu werfen und Listen der Kategorien, Subkategorien, sowie der spezifischen Produkte zu erstellen die Sie interessieren. Indem Sie sich zu diesem Zeitpunkt mit so viel Information wie möglich waffnen werden Sie erkennen, dass Sie in der Lage sind eine durchdachte Entscheidung zu treffen.

Das Feld eingrenzen

Sobald Sie eine Vorstellung des Produkts haben das Sie verkaufen wollen, denken Sie an zusätzliche fünf Produkte die mit dem zentralen Produkt eng verbunden sind. Nehmen Sie sich ein wenig Zeit und planen Sie voraus damit Sie den größten Erfolg durch die Wahl des ursprünglichen Produkts erzielen können. Prüfen Sie die Sektion der häufig gemeinsam gekauften Produkten die im unteren Teil der Angebote von Amazon angezeigt wird. Diese können Sie in neue Bereiche führen zu denen Sie ihre Marke fügen können.

Es ist wichtig zu verstehen was Amazon unter einem „Oversized Product – Übergroßen Produkt" versteht und wie sich das auf den Auswahlprozess Ihrer Produktion auswirkt. Das ideale Gewicht für Ihr Produkt liegt bei unter einem halben Kilo und bei einem Maximum von 2 Kilo. Das Produkt sollte 45 Zentimeter Länge nicht überschreiten, alle längeren Produkte werden als übergroße Produkte angesehen und können nur im Mengen bis zu 500 Stück oder weniger verkauft werden. Das würde ihr Verkaufspotential beträchtlich einschränken. Viele erfolgreiche FBA-Verkäufer arbeiten ebenfalls mit der Regel keine Elektronik und Produkte mit vielen beweglichen Teilen zu verkaufen die anfällig sind oder dazu neigen kaputtzugehen.

Wählen Sie einen Gewinner

Sobald Sie Ihre potentiellen Produkte auf ihre Top Ten eingegrenzt haben, ist es an der Zeit zurück zu Amazon und EBay zu gehen um weitere Untersuchungen anzustellen. Zuerst sollten Sie versuchen zu erkennen, ob es bereits eine gut aufgebaute Präsenz für dieses Produkt gibt. Das ist besonders wichtig bei Ihrem ersten Produkt. Sie sollten eines mit einer nachgewiesenen Erfolgsbilanz in Bezug auf die Verkäufe wählen.

Die zwei wichtigsten Dinge die man beachten sollte, wenn man ein bewährtes Produkt auf Amazon bewertet, sind der Bestseller-Rank (BSR) und die Beurteilungen. Der Top Seller ihres potentiellen Produkts sollte einen BSR von 500 oder weniger haben. Es ist wichtig nicht nur den Topseller zu prüfen, sondern auch den 2., 3., 4., 5 und 6. Im Idealfall haben der 3. und der 4. Rang einen BSR von 1500, der 5. und 6. Rang circa 5000. Das zeigt Ihnen sofort, dass eine Nachfrage für das Produkt besteht und dass Raum in dem Markt für einen zusätzlichen Verkäufer vorhanden ist. Das bedeutet, dass sie dort eindringen und beginnen können eine bedeutsame Präsenz aufzubauen und einzurichten.

Die Anzahl der Bewertungen eines Produkts gibt Ihnen ebenso eine gute Vorstellung über das Potential des Produkts. Ein Bestseller-Produkt das mehr als 500 Bewertungen hat ist keine ideale erste Wahl, aber eine Ausnahme wäre wenn die nächsten drei beliebtesten Verkäufer 300 oder weniger Bewertungen haben.

Überwachen Sie die Verkäufe und die Bewertungen der Produkte, an denen Sie für den Verkauf interessiert sind über den Zeitraum von einer Woche. Wenn Sie von einem zum nächsten Tag bessere Ergebnisse in Bezug auf Bewertungen, BSR oder Produktranking erkennen sagt Ihnen das, dass der Verkäufer möglicherweise im Moment eine Promotion bietet, die während dem Zeitraum der Überwachung des Produkts begonnen hat oder endete.

Werfen Sie schließlich einen Blick darauf wie viele Produkte der durchschnittliche Verkäufer anbieten muss, diese Information wird auf lange Sicht unbezahlbar sein, da sie Verständnis darüber verschafft welche Möglichkeiten Sie im Bezug auf die Ausbreitung Ihres eigenen Unternehmens haben.

Kapitel 5 – Produkte finden

Sobald Sie einige Produkte identifiziert haben beginnen Sie mit der Suche nach potentiellen Produzenten oder Lieferanten die Sie verwenden können, um ihr Produkt mit Eigenmarke herzustellen. Vor dem Internet waren es nur die großen multinationalen Unternehmen, die eine riesige Aufstellung von Kontakten hatten und in der Lage dazu waren Produkte weltweit zu beschaffen. Der technische Fortschritt hat sich auf die Suchmaschinen ausgewirkt und dieses Gebiet für alle geöffnet.

<u>Alibaba</u>

Genau so wie Amazon von den Kunden des Einzelhandels genutzt wird, wird Alibaba von der Gemeinschaft des Business-To-Business verwendet. Gleich wie Amazon erlaubt Alibaba den Käufern direkt mit Lieferanten und Großhändlern weltweit zu kommunizieren. Es ist wichtig, dass Sie sich auf Alibaba registrieren und einen Account einstellen damit Sie in der Lage sind, mit der Suche zu beginnen. Wenn Sie nach Küchenmessern suchen werden Sie sicherlich genug finden, um für Wochen beschäftigt zu sein! Es ist ratsam beim der Suche nur die Ergebnisse zu verwenden, die ein goldenes Lieferanten-Rating und den Onsite-Check haben. Das sind zwei Dinge die feststellen, dass das Geschäft mindestens seit zwei Jahren aktiv ist, und dass Alibaba eine Prüfung Vorort durchgeführt hat um festzustellen, dass es tatsächlich ein Lager und ein aktives Geschäft gibt.

Wenn Sie mit Alibaba vertraut sind, sollten Sie die Zahlungsmethoden beachten, die von den Lieferanten angeboten werden. PayPal oder Ali Escrow sind die sichersten Zahlungsarten, da sie einen gewissen Schutz bieten. Wenn der Verkäufer sagt, dass er nur telegrafische Überweisung oder Western Union akzeptiert, würde ich raten das zu vermeiden. Der Großteil der Verkäufer erfordert die telegrafische Überweisung und das ist in Ordnung sobald Sie ein paar Bestellungen gemacht haben und eine Beziehung mit diesem Verkäufer aufgebaut haben. Wenn sich der Verkäufer über die Gebühren von Paypal beschwert fordern Sie ihn auf, diese für Ihre Sicherheit zur Rechnung hinzuzufügen..

Aliexpress

Während ich empfehle Alibaba als ersten Anlaufhafen zu nutzen, ist Aliexpress ebenso eine wirklich gute Ressource. Diese wird jedoch hauptsächlich für einzelne oder kleinere Bestellungen verwendet während Alibaba der Ort für größere Mengen ist. Sie werden feststellen, dass viele Lieferanten auf beiden Seiten präsent sind und Bestellungen für kleine und große Mengen bieten.

Google

Tippen Sie „<product> + wholesaler, supplier" in Google und Sie werden mit Seiten voller Lieferanten belohnt, die mehr als glücklich darüber sein werden Ihr Produkt mit Eigenmarke herzustellen. Der Großteil der Lieferanten auf Alibaba stammt aus China; Google wird Ihnen sicherlich dabei helfen, Lieferanten in geringerer Entfernung zu finden.

Mindestbestellmenge (MOQ)

Jeder Lieferant setzt seine Mindestbestellmenge fest. Sie sollten diese als Richtlinie betrachten und nicht als festgesetzte Regel. Wenn er 2000 Einheiten angibt und Sie sich nur 1000 leisten können oder eine Testbestellung dieser Menge tätigen wollen, senden Sie eine Anfrage. Schließlich ist das schlechteste das er sagen kann, nein!

Anfrage-Email

Der erste wichtigste Schritt in Ihrer neuen Unternehmung ist es, die ersten Anfragen an einige unterschiedliche Lieferanten zu senden. Für Anfänger kann das ziemlich nervenaufreibend sein weil sie sich möglicherweise trotz der Tatsache, dass sie im Internet anonym sind wie ein Blender fühlen! Denken Sie einfach daran, dass jedes Unternehmen irgendwo beginnen muss, also gehen Sie es einfach direkt an und vergessen Sie anfängliche Besorgnisse.

Es gibt einige Verkäufer die empfehlen anzugeben, der Beschaffungsleiter eines großen Unternehmens zu sein. Andere raten, sich als relativ neues Start-up -Unternehmen vorzustellen. Wenn Sie so tun, als verstünden Sie Dinge, die sie klarerweise nicht kennen und eine Erklärung dafür benötigen, bringen Sie sich in Schwierigkeiten. Sie werden feststellen, dass viele Lieferanten vielleicht nicht antworten wenn sie glauben, dass Sie ein kleiner Fisch sind. Deshalb müssen Sie selbstsicher sein und Ihre begrenzte Erfahrung geradeaus zugeben.

Es gibt keine richtige oder falsche Art um auf neue Lieferanten zuzugehen, eher eine Präferenz von Ihrer Seite wie sie diese neue Beziehung handhaben wollen. Ich würde empfehlen, dass Sie versuchen mit ihrem ersten E-Mail einen guten Eindruck zu machen und nicht mehr als zwei wichtige Fragen stellen. Machen Sie nicht den Fehler den Lieferanten mit einer riesigen Liste von Fragen zu bombardieren, da er um einiges weniger daran interessiert ist Ihnen zu antworten. Der erste Kontakt sollte ein Signal sein, um Ihre zukünftige Beziehung aufzubauen. Versichern Sie sich jenen mehr Aufmerksamkeit zu schenken, die prompt und mit perfektem Englisch antworten.

Sobald Sie eine Liste all Ihrer potentiellen Lieferanten erstellt haben, können Sie allen auf einmal eine E-Mail senden, indem Sie das System von Alibaba nutzen. Hier folgend finden Sie das standardisierte Anfrage-Email, das je nach den Anforderungen angepasst werden kann:

Guten Morgen/Tag,

Ich schreibe Ihnen, um eine Probe des Produkts <Produkt> anzufordern und wäre an einer anfänglichen Probebestellung von <Anzahl> Einheiten interessiert.

Ich bitte Sie, mir den Preis für die folgenden Mengen mitzuteilen, da die Verkäufe voraussichtlich schnell steigen werden.

500, 1.000, 2.000, 4.000 und 10.000

Ich möchte ebenso einige Optionen für Bearbeitungen mit Ihnen prüfen. Daher bitte ich Sie, die Einheiten mit den folgenden Änderungen preislich anzusetzen sofern diese umsetzbar sind, <Änderung1> und <Änderung 2>.

Vielen Dank im Voraus für Ihre prompte Antwort.

<Ihr Name> Brand Manager

<Name des Unternehmens>

Proben

Wenn Sie die Lieferanten auf die wenigen begrenzt haben mit denen Sie vielleicht handeln wollen, besteht der nächste Schritt darin, mit dem Bestellen der Proben zu beginnen. Die Art auf die Sie das verwalten, hängt von Ihrer Zeit und Ihrem Budget ab. Jede Probe die Ihnen gesendet wird ist ein Kostenpunkt, der mit circa €40 - €60 bemessen werden kann. Es ist ratsam eine Vielfalt von Proben zu bestellten, damit Sie Ihre Bedürfnisse auf die beste Weise zufriedenstellen und auch um die Qualität vergleichen zu können. Legen Sie sich nie auf etwas fest das Sie nicht als passend ansehen. Besonders wenn Sie ein Qualitätsproblem feststellen, gehen Sie direkt zum Nächsten über und finden Sie etwas anderes. Wenn es auch nur ein kleines Detail gibt das Sie anders möchten, haben Sie keine Angst oder zögern sie nicht Änderungen zu fordern.

Aktionsplan

1. Richten Sie Accounts auf Alibaba und Aliexpress ein

2. Beginnen Sie, Favoriten auf Ihre Liste zu fügen

3. Senden Sie Anfrage-Emails

4. Bestellen Sie Proben.

Kapitel 6 – Wie man eine Marke kreiert

Im Idealfall beginnen Sie nicht mit den Inhalten dieses Kapitels zu arbeiten, bis sie Ihre Proben bestellt haben oder bis sie mindestens ziemlich sicher über Ihr erstes Produkt sind.

<u>Geben Sie Ihrem Unternehmen einen Namen</u>

Das kann wirklich tückisch für einige Leute sein. Es ist wichtig bei der Wahl des Namens zu kontrollieren, dass die Domain der Webseite verfügbar ist. Sie wollen den Fehler nicht machen 15+ bereits vergebene Namen zu durchforsten, nur weil Sie vergessen haben zu prüfen, ob Sie diese Webseite bekommen können oder nicht

Es gibt eine große Anzahl von Arten und Stilen die verwendet werden können, um Ihr Unternehmen zu benennen. Denken Sie an das Gefühl das Sie vermitteln wollen und den Markennamen den Sie nachbilden möchten. Was gefällt Ihnen an dieser speziellen Marke? Ist sie kurz und aussagekräftig oder länger und beschreibend? Suchen Sie Synonyme in einem Thesaurus um zu sehen, ob Sie ein Wortspiel mit Stilen oder Titeln finden können. Mein Tipp wäre es „Wie man ein Unternehmen benennt" in Google einzugeben, da Sie eine Menge hilfreicher Tipps finden werden. Zusätzlich wollen Sie vielleicht auch meinen nachstehenden Empfehlungen folgen, bevor Sie beginnen:

1. Der Name muss gut klingen und einfach zu merken sein. Denken sie an Alliteration (in der die Wörter mit dem gleichen Buchstaben beginnen) oder Wörter, die sich reimen, wie Coca Cola.

2. Versuchen Sie eine näher beschreibende Version aber versichern Sie sich, dass der Name nicht zu lang wird.

3. Erfordern Sie Hilfe von anderen und beginnen Sie ein Brainstorming für den Namen zu machen

4. Versuchen Sie Variationen der Wörter und ersetzen Sie die herkömmlichen Buchstaben wie S mit Z oder F mit PH.

Es ist wichtig sicherzustellen, dass Sie Ihren Namen markenrechtlich schützen können und dass Sie prüfen ob Sie die damit verbundene Webseiten-Adresse bekommen.

Logo

Das Logo ist das nächste sehr wichtige Element Ihrer Marke, da es dem Kunden ein Bild davon verschafft wer Sie sind. Es gibt eine Vielzahl von Seiten im Internet die Sie damit beauftragen können und die Kosten sind ziemlich gering. Idealerweise sollten Sie die Anfrage an drei Unternehmen senden da die Möglichkeit groß ist, dass Sie mindestens zwei Logos erhalten, die Ihnen gefallen. Sobald Sie Ihre Entscheidung getroffen haben, sollte Sie das nicht mehr als €30 kosten.

Verpackung

Was Sie für die Verpackung wählen hängt stark von der Art des Produkts ab, das Sie gewählt haben. Es gibt Verkäufer die in wunderschöne Verpackungen, die sie von den Konkurrenten abheben. Andere wählen zu Beginn ein Weißprodukt. Weißprodukt bedeutet, dass der Verkäufer sehr wenig in die Verpackung eingreift und nur ein sehr einfaches Label hinzufügt. Die Verpackung ist sehr wichtig für den gesamten Verkaufsprozess, aber sie sollte Sie zu Beginn nicht stark beanspruchen. Wenn Sie anfänglich die Verpackung einfach und effektiv gestalten können ist das großartig, da Sie diese zu einem späten Zeitpunkt wenn die Verkäufe eingehen verbessern können.

Es zahlt sich aus die Lieferanten zu fragen, welche Verpackungs-Templates sie verfügbar haben. Der Großteil von ihnen bietet einige Arten von einfacher Verpackung als Teil der anfänglichen Produktkosten.

Aktionsplan

1. Finden Sie bei einem Brainstorming mindestens fünf gute Namen für das Unternehmen und wählen Sie einen.

2. Erstellen Sie Ihr Logo

3. Erstellen Sie eine einzigartige Verpackung – erinnern Sie sich daran, nicht zu viel Zeit damit zu verbringen, da sie zu einem späteren Zeitpunkt neu entworfen werden kann wenn Sie einige Aufträge eingefahren haben.

Kapitel 7 – Versand und Qualitätskontrolle

Es gibt eine Menge Versandoptionen die Ihnen zu Verfügung stehen. Es ist wichtig einen Überblick über die unterschiedlichen Methoden zu erhalten und nicht einfach eine Option zu wählen weil sie die günstigste ist, da sich diese nicht immer als die beste Lösung erweist.

<u>See gegen Luft</u>

Wenn Sie sich mit dem internationalen Versand beschäftigen ist es die einfachste Methode, die Produkte von Ihrem Lieferant durch Lufttransporte zu erhalten. Sie können dann wirklich schnell damit beginnen diese zu verkaufen, da diese Methode circa eine Woche von dem Lieferanten zu Amazon in Anspruch nimmt. Es ist jedenfalls sehr wichtig zu erkennen, dass die Kosten des Lufttransports doppelt so hoch sein können wie jene des Seetransports.

Seetransporte können ein Minimum von 40 Tagen in beanspruchen und diese Versandart sollte wirklich von einem Spediteur organisiert werden. Sie glauben es vielleicht anfänglich nicht aber die Wartezeit, in der Ihre Produkte mitten im Pazifik sind kann eine der längsten und schmerzhaftesten Erfahrungen sein! Es ist viel schwieriger Ihren Bestand zu verwalten wenn Sie eine Verzögerung von mindestens 40 Tagen nur durch den Versand einberechnen müssen. Hier ist die Durchlaufzeit für die tatsächliche Produktion der Waren noch nicht einkalkuliert.

Als Unternehmensinhaber und Online-Verkäufer müssen Sie die Kosten und Einschränkungen sorgfältig abwägen, wenn Sie Ihren Business Plan erstellen. Seetransporte sparen zweifellos eine Menge Geld ein welches Ihnen später erlauben wird, beim Aufbau Ihrer Marke um einiges aggressiver in Bezug auf den Preis zu sein. Auf der anderen Seite bedeutet es jedoch, dass Ihre Ware ausverkauft sein könnte. Was würde Sie das kosten?

Wenn Sie ein Produkt gewählt haben das klein und leicht ist, ist es zu Beginn ratsam den Express-Versand zu wählen. Sobald Sie Ihr Verkaufsvolumen berechnet haben und über ein wenig Geld verfügen das es Ihnen erlaubt, einen höheren Bestand zu erwerben können Sie den Versand mit Seetransport austauschen. Wenn Sie jedoch größere und schwerere Produkte haben werden Sie möglicherweise zu dem Schluss kommen, dass Sie keine andere Wahl als den Seetransport haben. Andernfalls wird ihr gesamter Profit dafür aufgewendet, das Produkt in das Land zu bringen oder Sie werden vielleicht nachdem Sie alle Kosten in Betracht gezogen haben herausfinden, dass der Endpreis zu hoch für den gewählten Markt ist.

Spediteure

Wenn Sie sich für den Seetransport entscheiden wird Ihr Spediteur bald Ihr bester Freund sein. Diese Beziehung muss weise gewählt werden, es sich um die Personen/das Unternehmen handelt die die Koordination zwischen dem Lieferanten und dem Versandunternehmen handhaben. Sie verwalten die Import- und Zollprozesse, sowie den Versand in das Amazon-Lager. Sie müssen vollständig über die Anforderungen von Amazon im Bilde sein, wie Anforderungen bezüglich Warenauszeichnung, Größe und Pallets. Seien Sie sich dessen bewusst und fragen Sie die Spediteure die Sie kontaktieren, welche Erfahrung sie mit dem Versand an Amazon haben.

Inspektion/Qualitätskontrolle

Es gibt einige Verkäufer, die im Vergleich zu anderen diesen Step zu dem Prozess hinzuzufügen. Das Risiko beim Verzicht auf eine anfängliche Inspektion der Waren besteht darin, dass Sie am Ende defekte Produkte erhalten könnten die durch Amazon verkauft und geliefert werden. Wenn Sie relativ nah am Standort von Amazon leben und die zusätzliche Lieferung nicht zu teuer ist könnten Sie entscheiden, dass es das Beste ist die Waren zuerst zu Ihnen schicken zu lassen. Das empfiehlt sich wenigstes für die ersten beiden Bestellungen, bis Sie völlig zufrieden mit der Qualität der durch den Lieferanten bereitgestellten Waren sind.

Alternativ könnten Sie nach einem Inspektionsunternehmen Ausschau halten oder nach einem Agenten in dem Land, in dem die Produkte hergestellt werden. Dieser inspiziert die Endprodukte vor dem Versand.

Warenauszeichnung

Jedes Produkt das Amazon zugesandt wird, muss eine Warenauszeichnung aufweisen. Wenn Sie diese nicht selbst vornehmen wollen, kann Amazon das für sie gegen eine Gebühr erledigen. Wenn Sie die Produkte nur auf Amazon verkaufen, können Sie ihre FNSKU-Nummer verwenden, diese besondere

Nummer und den Code auf dem Produkt zu haben vermeidet die Notwendig-keit, Aufkleber auf jedes individuelle Produkt anbringen zu müssen. Alter-nativ können Sie die „vermischte Inventur" mit Amazon wählen und einen UPC-Code anzubringen. Das erlaubt es Ihnen den selben UPS-Code zu ver-wenden und die Verpackung gleich zu lassen, wenn Sie zusätzlich zu Ama-zon auf anderen Seiten verkaufen. Amazon erfüllt alle Verkäufe, unabhängig von den Verkaufskanälen aus denen sie stammen.

Bestandsplatzierung

Wenn Sie den Versand der Waren an Amazon planen, bestimmt ein Algorith-mus (eine Prozedur oder Formel für die Problemlösung), wohin Sie den Be-stand senden sollen. Der Algorithmus entscheidet oft unter der Verwendung des Verkaufsvolumens und anderer Faktoren, wohin die Waren gesendet werden sollen, ob in zwei oder mehrere unterschiedliche Erfüllungszentren. Natürlich verursacht dies weitere zusätzliche Kosten, die in Ihre Versandpla-nung eingerechnet werden müssen.

Alternativ können Sie entscheiden, die Leistungen der Bestandsplatzierung in Anspruch zu nehmen, die von Amazon geboten werden. Damit senden Sie einfach ihren gesamten Bestand zu einem Amazon-Zentrum und Amazon wird sich gegen eine Gebühr um den Versand in andere Erfüllungszentren kümmern, diese Gebühr hängt von der Größe und dem Gewicht der Produkte ab.

Da Sie wählen können welche Leistung sich am besten für Ihr Geschäfts-modell eignet, müssen Sie herausfinden was am kosteneffektivsten für Ihr Business ist. Es hat keine Bedeutung ob Sie oder Amazon die Verteilung in die Erfüllungszentren verwalten. Es rentiert sich wirklich alle Optionen voll-ständig zu analysieren, weil diese Kosten je nach den involvierten Variablen dramatisch variieren können.

Aktionsplan

1. Entscheiden Sie, ob Sie Luft- oder Seetransport für den Versand verwen-den wollen

2. Stellen Sie bei Bedarf einen Spediteur ein

3. Entscheiden Sie, wie Sie die Warenauszeichnung Ihrer Produkte gestalten wollen

4. Legen Sie fest, ob Sie die Option der Bestandsplatzierung verwenden wollen, oder ob Sie an multiple FBA-Zentren liefern wollen, je nach dem was kosteneffektiver ist.

Kapitel 8 – Beginnen Sie, Ihre Produkte zu verkaufen

Das ist der Teil in dem alle Verkäufer beginnen, wirklich aufgeregt zu werden und endlich ein wenig Spaß haben! Das Listing der Produkte ist Ihr Sprungbrett und die Möglichkeit der Welt Ihr Produkt zu zeigen und mitzuteilen was es besser als die Konkurrenz macht.

Kunden durchsuchen Amazon mit der Suchmaschine und Amazon zeigt die bestverkauften und wichtigsten Produkte bei der Suche ganz oben an. Aus diesem Grund müssen Sie sicherstellen, dass Sie die folgenden Variablen beachten:

Keywords

Auf die gleiche Weise wie Google verwendet Amazon die Keywörter in Ihrem Titel und in ihrem Beschreibungsfeld um sie an die Suche des Kunden anzupassen. Sie müssen sicherstellen, dass Sie so viele Keywords wie möglich in Ihrem Produktlisting haben. Erforschen Sie die Produktpräsentationen Ihrer Konkurrenten um herauszufinden welche diese verwenden. Verwenden Sie das Keywordtool von Google Adwords, um das Volumen der Suche für diese besonderen Keywords herauszufinden. Das ist ebenso nützlich um zu sehen, welche ergänzenden Produkte eventuell von Kunden gekauft werden. Stellen Sie sicher, dass Sie diese Keywords in Ihrem Produktlinsting angeben, damit auch Sie in der Suche angezeigt werden.

Konvertierungsrate

Wenn ein Kunde Ihr Produkt findet und auf das aktuelle Listing klickt, welcher Prozentsatz der Besucher kauft tatsächlich Ihre Produkte? Wenn die Konvertierungsrate gering ist (weniger als 10%), bedeutet es, dass den Leuten nicht gefällt was sie sehen oder es könnte die Art sein auf welche das Produkt beschrieben wird, oder sogar das Foto. Wenn Sie eine gute Konvertierungsrate haben (als 20% - 30% gekennzeichnet) bedeutet das, dass der Großteil der Kunden die Ihre Produkte finden zufrieden sind und sich nicht weiter umsehen.

Es ist wichtig sich daran zu erinnern, dass ein großer Faktor der Konvertierungsrate davon abhängt, wie viele Bewertungen Sie haben. Sie werden sehen, dass ihre Konvertierungsrate beginnen wird zu steigen wenn sich die Anzahl der positiven Bewertungen erhöht.

Klickrate

Die Klickrate ist eine andere Art, um den Prozentsatz der Zeit festzulegen in der die Kunden Ihre Produkte ansehen und auf Ihre Listings klicken, um diese genauer zu begutachten. Amazon will Produkte vor den Kunden platzieren, die höhere Klickraten haben da diese effektiv eine größere Anzahl von Verkäufen erlauben, was sich in höheren Erträgen für Amazon niederschlägt. Das ist ein bestimmender Faktor, besonders wenn Sie Pay-per-Click-Werbungen verwenden die wir uns später in dem Buch ansehen.

Einer der wichtigsten Faktoren Ihres Listings sind das Foto und die Bilder, die Sie einfügen. Da kein physisches Produkt für Ihre Kunden verfügbar ist das sie in ihren Händen halten können, werden sie den Großteil der Zeit auf Ihrem Listing damit verbringen, sich das Foto anzusehen. Deshalb ist es sehr wichtig, dass Sie ein hochwertiges Bild haben und all die verfügbaren Stellen für Fotos verwenden. Im Moment sind dies neun.

Das Produktlisting ist ein Punkt über den ich viel mehr schreiben könnte, jedoch beginnt Ihr echter Lernprozess wenn Sie die Listings Ihrer Konkurrenten der gewählten Nische studieren. Sehen Sie sich die Dinge der Listings an, die Ihnen gefallen und die ihnen nicht gefallen. Studieren Sie ihre Verkaufstexte und entwickeln Sie Wege um sie zu verbessern. Unter keinen Umständen sollten Sie das Listing einer anderen Person kopieren aber es gibt nichts, das Sie davon abhält, den Text als Grundlage für Ihren zu verwenden.

Eigenschaften und Vorteile – Bullet Points

Kunden interessieren sich für die Eigenschaften eines Produkts, aber sie kaufen in jedem Fall die Vorteile. Neue Verkäufer listen oft die Produkteigenschaften auf, aber fast immer machen sie den Fehler zu vergessen, die Vorteile hinzuzufügen und zu unterstreichen, die das Produkt dem Endnutzer bieten kann. Sie müssen versichern, dass Sie die Vorteile des Produkts verkaufen.

Optimierung des Listings

Sobald sie ihr Produkt hochgeladen haben und es verkaufen, machen viele Leute den Fehler zu versuchen das Listing zu perfektionieren. Das ist in Ordnung unter der Voraussetzung, dass der Verkäufer das Listing nicht zu stark manipuliert. Idealerweise sollte man ein Mal pro Woche Veränderungen vornehmen und auch hier sollte man nur eine Optimierung hinzufügen. Wenn Sie zu viele Änderungen machen wird es häufig wirklich schwer zu bestimmen, welche Faktoren die Konvertierungsrate tatsächlich beeinflussen. Im Moment gibt es absolut keine Möglichkeit um die Variablen beim Test zu trennen, deshalb ist es wichtig geduldig zu sein und jede Variable einzeln zu testen.

Aktionsplan

1. Studieren Sie den Text Ihrer Konkurrenten

2. Kreieren sie ein überzeugendes Listing, das einen überzeugenden Titel und Bullet Points enthält.

3. Erstellen Sie ein qualitativ hochwertiges Foto und versichern Sie sich, dass es den Spezifizierungen von Amazon entspricht.

4. Sobald sie bereit und aktiv sind, beschäftigen Sie sich nur ein Mal pro Woche mit Optimierungen

Kapitel 9 – Produkteinführung

Gut gemacht, Sie sind endlich im Geschäft! Ihre Produkte wurden zu Amazon geliefert, Ihr Listing ist perfektioniert und Sie sind momentan auf der Seite 10 der Keyword-Suche aufgelistet. Niemand weiß, dass Sie präsent sind und Sie haben keine Verkäufe.

Deshalb ist es wichtig, dass Sie einen Plan haben um Ihr Produkt einzuführen, damit Sie die Rangliste der Keyword-Suche erklimmen können. Verkäufe und Bewertungen sind die Punkte um die Sie sich zu diesem besonderen Zeitpunkt am meisten kümmern sollten. Beginnen Sie nicht sich um Ihre Webseite zu sorgen, Ihr nächstes Produkt oder Millionen anderer Dinge zu beginnen, zu verbessern und zu ändern. Alles das sie tun müssen ist es, Verkäufe zu erreichen und all diese wichtigen Bewertungen zu erhalten.

Freunde und Familie

Der erste Schritt den Sie vervollständigen müssen ist eine Aktion einzurichten, die es Ihnen ermöglicht Produkte an Ihre Familie und an Freunde zu verkaufen. Der Preis muss mindestens €1 sein, sonst gelten die Bewertungen die diese Leute hinterlassen als nicht geprüft. Die aktuellen Richtlinien an die sich Amazon strikt hält, sind wirklich wichtig und schließen die folgenden ein:

1. Verkaufsfördernde Bewertungen

Um die Integrität der Kundenbewertungen zu wahren erlaubt Amazon den Autoren, Künstlern, Herstellern, Entwicklern, Verlegern, Anbietern oder Verkäufern nicht, Bewertungen für ihre eigenen Leistungen oder Produkte zu schreiben, sowie die Nützlichkeit der Bewertungen auszudrücken. Aus genau dem gleichen Grund ist es der Familie oder nahen Freunden der Person, Gruppe oder des Unternehmens, das auf Amazon verkauft nicht gestattet, Kundenbewertungen für diese spezifischen Produkte zu schreiben.

2. Bezahlte Bewertungen

Amazon erlaubt keine Bewertungen oder Stimmen für die Nützlichkeit der Bewertungen, die gegen Bezahlung oder Kompensierungen jeder Art gepostet werden. Die einzige Ausnahme bezüglich dieser Regel sieht vor, dass ein Verkäufer der ein kostenloses oder verbilligtes Produkt für eine Bewertung bietet erklären muss, dass er positives und negatives Feedback entgegennimmt. Wenn eine Person ein kostenloses oder verbilligtes Produkt als Gegenleistung für eine Bewertung erhält, muss diese Tatsache klar erklärt werden.

Amazon sieht Familie oder Freunde als jene an, von denen der Verkäufer ein Produkt erhalten hat oder der eines ihrer Produkte erhalten hat. Unabhängig davon kann ein Verkäufer in der Regel mindestens 20 Bewertungen von seinem Einflussbereich erhalten. Es ist wichtig diesen Vorteil zu nutzen, da Sie sich nur sehr wenige Verkäufe erwarten können solange Sie weniger als 10 Bewertungen haben.

3. Promotions-Code

Um Bewertungen anzuhäufen ist es vital, dass Sie den Dingen einen Stoß in die richtige Richtung verpassen. Einer der besten Wege um Ihre Verkäufe anzukurbeln und das Ranking für Ihre Keyword-Suche zu erklimmen, ist die Bereitstellung von Couponcodes die Ihnen erlauben, einen geringen Preis zu bieten z.B.€1 - €4.95 um das Produkt gegen eine ehrliche Bewertung zu verkaufen.

Es gibt viele Arten auf welche die Verkäufer das tun können, einige sind konservativer als andere. Deshalb ist es wichtig, dass Verkäufer die Allgemeinen Geschäftsbedingungen von Amazon nicht verletzen. Es ist vorhersehbar, dass Amazon andere Möglichkeiten finden wird um sich zu verschärfen und unehrlich erhaltene Bewertungen zu stoppen. Deshalb ist es wichtig, dass Sie darauf Acht geben wie Sie Ihre Bewertungen erhalten. Statistiken zeigen, dass Amazon die Verkäufe um €1 prüft deshalb ist es ratsam mit einem Preis von €1,95 oder mehr zu beginnen.

Der Zweck dieser Promotionen ist es, den Algorithmus der Verkäufe auf Amazon zu umgehen und Ihren Produkten zu helfen das Ranking Ihrer Keywords zu verbessern. Außerdem ist es ein Weg, um mehrere Bewertungen zu erhalten. Sobald Sie die BSR-Rate mit der Promotion erhöhen, werden Sie ebenso beginnen organische Verkäufe einzufahren. Es ist wichtig dies am Anfang beständig zu tun, bis sie genug Verkäufe erhalten, um auf die ersten Seite der Keyword-Suche zu gelangen.

Es gibt unterschiedliche Seiten, die Sie für Produkteinführungen nutzen können, einschließlich:

www.zomblast.com

Zomblast hat eine große Liste die Ihr Promo-Produkt kaufen wird, sie sind versiert und darüber informiert wie Bewertungen hinterlassen werden.

www.tomoson.com

Tomson ist eine Seite, die Blogger anzielt.

Wenn Sie beginnen zu suchen werden Sie bald herausfinden, dass es viele Facebook-Gruppen gibt die verkaufsfördernde Leistungen bieten. Stellen Sie erneut sicher, dass Sie keine Linien in Bezug auf die Allgemeinen Geschäftsbedingungen von Amazon überschreiten.

Pay-per-Click

Sobald Sie 15 - 20 Rezensionen angehäuft haben (diese Zahl hängt von der Nische des Produkts ab) können Sie die Werbung durch Amazon Pay-per-Click beginnen. Die Bewertungen sind für den sozialen Beweis (Social Proof) erforderlich und um sicherzustellen, dass Ihre Konversionsrate hoch genug ist um die Kosten pro Klick zu rechtfertigen. Sie sind in der Lage diese maßzuschneidern, um das auszugeben was Sie sich bequem leisten können. Auf die gleiche Weise wie die Promotionen beabsichtigt es diese Werbung nicht, Ihr Unternehmen sofort profitabel zu machen sondern Ihnen zu helfen den BSR, sowie die Keyword-Suche zu verbessern, damit Sie beginnen können organisch zu verkaufen.

Wenn Sie zum ersten Mal Pay-per-Klick einrichten, sollten Sie zu Beginn eine Testkampagne in der Auto-Einstellung ausführen. Das bedeutet, dass Amazon die Schlüsselwörter für Sie anvisiert. Fahren Sie fort diese für eine Woche auf Auto laufen zu lassen, dann analysieren Sie die Ergebnisse. Der Amazon-Algorithmus wird daran arbeiten, Ihr Budget auszugeben und die Keywords anzupeilen, die den Umsatz steigern. Die Chancen bestehen darin, dass Amazon Suchbegriffe verwendet die Sie nie in Betracht gezogen haben. Wenn Sie dies gemacht haben, können Sie die PPC auf manuell stellen und die profitabelsten Keywords anpeilen.

Wenn Sie in der Planungsphase Ihres Unternehmens sind, müssen Sie sorgfältig die Kosten betrachten, die für Promotionen und PPC-Werbung entste-
hen. Die scheiternden Verkäufer sind jene, die sich nach einem Tag Verkäufe
erwarten. Aber dieses Geschäftsmodell funktioniert nicht so. Der Betrag den
Sie benötigen, um ihn für die Werbung und Verkaufsförderung auszugeben,
ist von der Wettbewerbsfähigkeit der von Ihnen gewählten Nische abhängig.
Schätzen Sie wie viel Sie am Anfang ausgeben müssen um Ihr Unternehmen
einzurichten und ins Laufen zu bringen.

<u>Lagerbestand</u>

Wenn Sie einen Plan haben der einen verkaufsfördernden Giveaway ein-
schließt oder wenn Sie einen Promotions-Code verwenden wollen, ist es
wirklich wichtig Ihren Bestand zu schützen. Es gibt eine große Anzahl von
Verkäufern, die große Mengen ihres Lagers verloren haben weil ihr Promo-
Code durch einen Blog durchgesickert ist.

Um sicherzustellen, dass Sie nicht auf diese Weise betroffen sind, sollten Sie
die unten dargestellten Schritte durchführen:

- Tätigen Sie selbst eine zu erfüllende Bestellung der Menge, die Sie
  vor der Promotion schützen wollen. Wenn Sie also 500 Einheiten
  halten und nur maximal 50 durch Ihre Promotion-Gutscheine weg-
  geben wollen, machen Sie eine Bestellung von 450 Einheiten.

- Tätigen Sie die obige Bestellung und geben Sie sie für 2 Wochen in
  die Warteschleife, anstatt sie abzusenden.

- Stellen Sie sicher, dass Ihr Promo-Code exklusiv ist und nur für einen einzelnen Verkauf gilt.

- Versichern Sie, dass Sie den Gutscheincode kündigen, sobald die
  Promotion beendet ist.

- Sobald die Promotion vorüber ist, annullieren Sie den Versand an
  sich selbst. Innerhalb von 3 Minuten kehrt der Bestand zurück und
  wird erneut zu Verfügung stehen.

- Achten Sie darauf, den Coupon privat zu halten, Sie haben die Möglichkeit, den Coupon auf Ihr Amazon-Listing zu schreiben. Wenn

diese Option aktiviert ist und Ihr Coupon grundlegend Ihrem Bestand entspricht, kann dieser in wenigen Minuten verschwunden sein.

Bewertungen

Es gibt nur sehr wenige Menschen, die Ihnen natürliche Bewertungen geben werden und diejenigen die das in der Regel tun, sind die Leute die unzufrieden sind. Bewertungen sind das soziale Lebenselixier Ihres gesamten Unternehmens und als solches ist es wichtig, dass Sie ihre ganze Zeit und alle Energien in den Erhalt von Bewertungen investieren, bis Sie mehrere als Ihre Konkurrenten aufweisen. Der einzige Weg um dies zu schaffen ist es, diese anzufordern. Während Amazon keine E-Mail-Adresse der Kunden freigibt oder diese verfügbar macht, können Sie über die vorgesehene Schnittstelle auf Amazon mit ihnen interagieren.

Sobald Sie mehr als 50 Bewertungen gesammelt haben und Ihr Listing optimiert ist, sollten Sie feststellen, dass die organischen Verkäufe beginnen einzugehen. Es ist an dieser Stelle, an der Sie endlich Geld verdienen werden und Sie können beginnen ein zweites Produkt zu suchen.

Kapitel 10 – Kundenservice

Im Herzen jedes nachhaltigen Unternehmens liegt ein sehr wichtiger Bestandteil. Nämlich die Bereitstellung eines beispielhaften Kundenservices. Eines der wichtigsten Dinge die man mit Amazon verbindet, ist der erstklassige Kundenservice und von allen Verkäufern auf der Website wird erwartet, dass dieses Bild aufrecht erhalten bleibt.

Es ist wichtig für alle Verkäufer und Unternehmen, ihre Kunden in Bezug auf den Lebenszeitwert in Betracht zu ziehen. Wenn ein Kunde erneut bei Ihnen bestellt ist das ein echter Antrieb für Ihr Endergebnis. Der Erfolg Ihrer Marke wird letztlich durch die Qualität Ihrer Bewertungen ermittelt. Wenn Sie zu viele schlechte Bewertungen haben, zerstören Sie das Image Ihres Unternehmens und die Verkäufe.

Für die Bekämpfung und die Verteidigung gegen unzufriedene Kunden ist es vorzuziehen, eine E-Mail-Sequenz einzurichten. Es ist viel einfacher etwas am Anfang zu beheben, anstatt es zu handhaben nachdem es inmitten all Ihrer Bewertungen explodiert ist!

Der erste Schritt dieses Prozesses ist, eine erste E-Mail zu senden sobald ein Kauf getätigt wurde.

E-Mail-Beispiel 1

Lieber <Kunde>

Vielen Dank für Ihre Bestellung von <Produkt>.

Ihr Produkt wird heute aus dem Amazon-Lager ausgeliefert und sollte in den nächsten Tagen bei Ihnen eintreffen.

Bei <Ihr Firmenname > sind wir stolz auf die Produkte von höchster Qualität für unsere Kunden. Wenn Sie aus irgendeinem Grund nicht vollständig zufrieden mit Ihrem Produkt sind, kontaktieren Sie uns bitte über das Bestellsystem von Amazon und wir versprechen, Ihr Anliegen zu klären.

Vielen Dank

<Name> Besitzer

<Ihr Firmenname >

Diese Art von E-Mail ermöglicht es Ihnen alle Probleme am Anfang anzu-
gehen. Im Idealfall bevor Sie negativen Bewertungen erhalten.

E-Mail-Beispiel 2

Diese zweite E-Mail sollte 5 Tage später geschickt werden, übernehmen Sie
das folgende Format:

Lieber <Kunde>

Vielen Dank für Ihren kürzlich getätigten Kauf von <Produktname >.

Ihre Zufriedenheit ist von größter Bedeutung für uns da wir ein kleines, fa-
miliengeführtes Unternehmen sind, das versucht mit multinationalen Marken zu konkurrieren. Wir bemühen uns dies zu tun, indem wir nur Produkte
von höchster Qualität zu erschwinglichen Preisen liefern.

Wir wollen sicherstellen, dass Sie damit zufrieden sind. Wenn Sie weitere
Fragen haben, zögern Sie bitte nicht uns zu kontaktieren.

Bewertungen sind sehr wichtig auf Amazon, sie sind der Schlüssel der un-
serem Unternehmen hilft zu wachsen und unseren Produkten erlaubt auf
Amazon erhältlich zu sein. Wenn Sie mit Ihrem Kauf zufrieden sind schätzen wir Ihre positive Bewertung und Kommentare sehr, wenn Sie bereits
eine Bewertung hinterlassen haben, danken wir Ihnen. Es nimmt nur eine
oder zwei Minuten in Anspruch.

Mit freundlichen Grüßen

<Name> Besitzer

<Ihr Firmenname>

Vielleicht möchten Sie eine weitere E-Mail die ähnlich wie das Beispiel 2 ist,
nach circa weiteren 10 Tagen senden. Die Sequenz Ihrer Bewertungen kann
jedoch abweichen da sie wirklich davon abhängt, welche Art von Produkt

Sie verkaufen. Wenn Sie beispielsweise Nahrungsergänzungsmitteln verkaufen, müssen Sie ein paar Wochen warten bis der Kunde in der Lage ist, eine ehrliche Bewertung zu hinterlassen.

Negative Bewertungen

Es wird immer Menschen geben die nicht zufriedengestellt werden können. Daher ist es wichtig, dass Sie diese E-Mail-Sequenz verwenden. Sie ermöglicht es Ihnen, direkt mit Ihnen in Kontakt zu treten anstatt nur eine Bewertung zu hinterlassen.

Wenn Sie schlechte Bewertungen bekommen haben (und das werden Sie!), ist der Schlüssel eine ausreichende Menge an positiven Bewertungen, um die negativen in Ihrem Gesamtranking auszugleichen. Wenn Sie nichts in der Hand haben um positive Bewertungen anzufordern, wird Ihre Gesamtbewertung darunter leiden. Zusätzlich müssen Sie alles tun das in Ihrer Macht steht, um das Problem des Kunden zu beheben, kommunizieren Sie, bieten sie eine Erstattung usw. Wenn Sie das Problem beheben können, ist der Kunde glücklich und wenn er zunächst eine schlechte Bewertung hinterlassen hat, können Sie ihn dann bitten diese zu entfernen.

Kapitel 11 – Treiben Sie ihr Verkäuferranking in die Höhe und sammeln Sie Feedback

Dieses Kapitel betrachtet die Verbesserung des Produkt-Rankings und die Sicherstellung, dass Sie ein gutes Feedback von Ihren Kunden erhalten.

Warum ist das Feedback von Bedeutung?

In der Welt des Internet-Handels ist jede Garantie, dass jemand vertrauenswürdig ist viel wertvoller als bei Situationen im wirklichen Leben. Aus diesem Grund ist das Feedback das sich bei Ihrem Umsatz bemerkbar machen wird, eines der größten Vermögen das Sie und Ihr Unternehmen als Verkäufer haben können. Potenzielle Kunden brauchen einen Grund Ihnen zu vertrauen und es gibt keine bessere Angabe als Referenzen und Erfahrungen von jenen, die bereits bei Ihnen gekauft haben.

Wie man Feedback anhäufen kann

Wie bereits erwähnt können Sie Ihre sozialen Verbindungen darum beten, ihre Freunde und Familie zu fragen ob sie bereit sind Ihr Produkt zu probieren und eine Bewertung zu hinterlassen. Zusätzlich können die durch FBA oder andere Kanäle verkauften Produkte Unterstützung von Bloggern oder jenen erhalten, die eine etablierte Plattform haben. In diesen bringen sie ihre Meinung zum Ausdruck und haben ein solides Publikum, das ihnen vertraut. Das kann einer der größten Vermögenswerte sein, die Sie sich wünschen, zu haben. Wenn Sie populären Bloggern folgen deren Inhalt sich auf irgendeine Weise auf Ihr Produkt bezieht, fragen Sie sie wie Sie Ihre Freunde und Familie gebeten haben, das Produkt für Sie zu fördern. Dies ist eine hervorragende Methode um eine Zielgruppe zu erreichen, die bereits ein besonderes Interesse für das Produkt hat, das Sie zu bieten haben.

Es ist wichtig, dass Sie sehr klar die Bedingungen jeder Vereinbarung festlegen, wenn Sie beispielsweise eine kostenlose Probe des Produkts als Gegenleistung für eine Bewertung anbieten. Nehmen Sie sich die Zeit um alle Details zu klären. Das schützt Sie vor negativem Feedback von Bewertern, die vielleicht von zusätzlichen Kosten für den Erhalt des Produkts überrascht wurden. Es ist ebenso ratsam vorsichtig zu sein, da es sehr schwierig ist den Hype zu erzeugen, um das zu verdienen was eingesetzt wurde, wenn zu viel Zeit, Energie und Geld in ein Produkt gesteckt wurde.

Mit der Zeit und ein wenig Mühe werden Sie beginnen Verkäufe aus anderen Quellen zu verbuchen und das führt zu höheren Umsätzen. Die beste Marketing-Strategie die Sie haben können ist sicherzustellen, dass Sie ein qualitativ hochwertiges Produkt mit gutem Preis-Leistungsverhältnis anbieten, das seinen Zweck erfüllt.

Kapitels 12 – Sortieren Sie schlechtes Feedback aus und behalten Sie das gute

Es gibt eine Reihe von Möglichkeiten, wie Sie mit negativem Feedback umgehen können. In diesem Kapitel werden wir auf den eigentlichen Zweck des Feedbacks und die Art der Bewertungen eingehen, für die Sie einen Antrag an Amazon stellen sollten, um diese zu entfernen. Ebenso werfen wir einen Blick auf die verschiedene Arten und Weisen, auf die Sie positives Feedback von zufriedenen Kunden fördern können.

<u>Was ist der Sinn von Feedback?</u>

Der Zweck des Feedbacks ist es, Kunden einen Ort zu geben um die Kauferfahrung die Sie mit Ihnen gemacht haben, wiederzugeben und zu bewerten. Ebenso dient es dazu den zukünftigen Käufern mitzuteilen, warum sie bei Ihnen kaufen sollten. Wenn Sie eine negative Bewertung erhalten, die sich auf das tatsächliche Produkt konzentriert, ist es wichtig sich daran zu erinnern, dass diese gemeldet werden kann, damit sie von Amazon geprüft und eventuell entfernt wird.

<u>Fördern Sie gutes Feedback</u>

Kunden, die häufig Produkte fern von Amazon kaufen, sind mit dem Kaufprozess vertraut und werden als solche mit größerer Wahrscheinlichkeit eine Bewertung hinterlassen. Wenn Sie sich aus einem Grund im Gespräch über Ihr Produkt mit dem Käufer austauschen, können Sie ihn respektvoll darum bitten, einen Beitrag zu hinterlassen wenn er eine positive Erfahrung erlebt hat. Es ist ebenso eine sehr gute Methode, dem Käufer eine persönliche Nachricht zu senden und ihn zu bitten eine 4 oder 5-Sterne-Bewertungen zu hinterlassen.

Wenn das Geschäftsvolumen wächst wird es vielleicht schwieriger für Sie, mit jedem einzelnen Käufer auf der gleichen Ebene der Personalisierung zu kommunizieren als im Anfangsstadium. Glücklicherweise gibt es eine Menge Werkzeuge, die verfügbar sind und die diesen Aspekt Ihres Geschäfts um einiges einfacher machen. Viele Verkäufer verwenden <u>www.feedbackgenius.</u> <u>com</u> , das ist ein Werkzeug das Sie einstellen können, um automatisch mit

Ihren Kunden zu kommunizieren. Es ist ebenso in der Lage Sie sofort zu benachrichtigen, wenn Sie negatives Feedback erhalten.

Für Bewertungen bezahlen

Die Nutzung von Websites wie Tomoson (die vorher behandelt wurde) ist keine angesehene Praxis unter FBA-Anbietern. Trotzdem ist sie ziemlich weit verbreitet und wenn sie auf ethischen Weise verwendet wird handelt es sich um eine wirklich gute Möglichkeit um ein faires, ehrliches Feedback zu erhalten. Das kann Ihnen helfen, in Ihrem gewählten Markt Fortschritte zu machen.

Es gibt einige Verkäufer die wählen, Bewertungen von Einzelpersonen zu bezahlen, die das betroffene Produkt nie gesehen oder verwendet haben. Andere machen sich sogar die Mühe andere Accounts zu erstellen, um selbst enthusiastische Bewertungen zu hinterlassen, die möglicherweise Kunden irreführen können. Sie sollten sich wirklich klar davon entfernen, da die Vorteile für Ihr Produkt durch positive Bewertungen nutzlos sind, wenn sie Ihre wachsende Kundenbasis nicht so gut wie möglich widerspiegeln. Sie sollten ebenso bedenken, dass das Bezahlen von Bewertungen Ihre notwendigen Einnahmen mindert, bevor Ihr Unternehmen einen Gewinn daraus erhält.

Kapitel 13 – Top Tipps für Verkäufer von Eigenmarken

Der Tipp Nummer 1 für alle Verkäufer von Eigenmarken ist, es ein Produkt zu wählen, für das Sie sich wirklich begeistern. Die Erstellung Ihres FBA-Geschäfts wird einige Arbeit benötigen, aber es wird um vieles einfacher sein wenn Sie wirklich an Ihr Produkt glauben.

Bedenken Sie auch den Wert ein Produkt zu wählen, das etwas weniger populär ist. Der ideale Raum den Sie als neuer Verkäufer einnehmen sollten, liegt zwischen wirklich gut etablierten Produkten die von einer Vielzahl von erfolgreichen Verkäufern angeboten werden und unbekannten Produkten, die eine geringe oder keine Verkaufspräsenz auf der Seite von Amazon haben. Sobald Sie sich etabliert haben, werden Sie die Reputation und Flexibilität haben um auch riskantere Produkte zu verkaufen.

Viele Verkäufer berichten von großen Erfolgen im Verkauf von gebündelten Produkten. Es ist sehr unwahrscheinlich, dass ihre Konkurrenten das gleiche Produktbündel verkaufen wie sie und das ist eine Art, um sich von der Konkurrenz abzuheben.

Es ist wichtig, dass Sie Ihre Position als kleiner Verkäufer nutzen. Das wird Ihnen erlauben, enge Beziehungen mit Ihren Kunden aufzubauen die es spüren, dass tatsächlich eine Person hinter dem Geschäft steht. Das stellt am Ende eine bessere und viel angenehmere Interaktion dar, als mit einem Unternehmen ohne Gesicht zu verhandeln, das sich als erstes und vor allem auf den Nettogewinn konzentriert. Obwohl Sie ein kleiner Verkäufer sind sollten Sie trotzdem bedenken, sich als professioneller Verkäufer zu registrieren. Amazon verrechnet 15% Kommission für alle Verkäufe unabhängig von der Art des Verkäufers, obwohl individuellen Verkäufern ebenso 0,99€ für jeden Verkauf berechnet wird. Professionelle Verkäufer zahlen hingegen einen pauschalen, monatlichen Preis von 39,95€. Aus diesem Grund ist es eine preiswertere Wahl ein professioneller Verkäufer zu werden wenn Sie erkennen, dass Sie mehr als 40 Einheiten pro Monat verkaufen

Es ist sehr einfach, in ein Rennen beim Tiefpreiskrieg mit Ihren Konkurrenten verwickelt zu werden. Es ist wichtig nicht zuzulassen, dass die Methode des Unterbietens Ihre Profite mindert. Ein Teil von Preiskriegen zu werden, verursacht nur eine Minderung Ihrer eigenen Profite und stiehlt ebenso wertvolle Zeit, die Sie dafür verwenden könnten Ihr Geschäft auf eine andere Art aufzubauen. Lassen Sie Ihre Konkurrenten zu Tiefstpreisen verkaufen. Die Chancen, dass sie entweder ausverkauft sein werden und nicht das Kapital haben um aufzustocken oder dass sie am Ende Ihr Geschäft schließen müssen, da sie keinen Bestand und keine Mittel mehr haben sind hoch. Lassen Sie nicht zu, dass Ihnen das passiert.

Erinnern Sie sich daran, Ihre Verkaufsrankings und jene Ihrer Konkurrenten regelmäßig zu kontrollieren. Diese Rankings können sich drastisch in dem kleinsten Zeitraum verändern, das kann sogar mehrere Male pro Tag passieren. Um ein klares, akkurates Gesamtbild Ihrer Position auf dem Markt zu erhalten, müssen Sie wiederholt Ihr Ranking kontrollieren, auch wenn Sie sich etablieren. Das ist eine Praktik, die Sie wirklich fortführen müssen.

Man benötigt Fähigkeiten im Schreiben von überzeugenden Produktbeschreibungen, die potentielle Kunden dazu bringen zu verweilen und einen weiteren Blick auf das Produktlisting zu werfen. Diese Fähigkeit wird nach und nach stärker, sie entwickelt sich mit der Zeit. Es ist wichtig sicherzustellen, dass Ihre Produktbeschreibung frei von Fehlern ist und dass sie vollständige Sätze verwenden, gute Grammatik und korrekte Rechtschreibung. Wenn Sie sich dazu entscheiden Bullet Points in Ihrem Listing zu verwenden, stellen Sie sicher dass jedes erste Wort von jedem Punkt groß geschrieben ist.

Wenn Sie die Listings Ihrer Konkurrenten beurteilen, ist es ebenso eine gute Praktik zu sehen, ob ihre Produkte spezifisch als FBA aufgelistet sind. Sie werden sehen, dass einige der Produkte preisgeben durch den Verkäufer gehandhabt zu werden und es ist wichtig, sich diese zu notieren. Amazon hat nämlich am Ende des Tages ein größeres Interesse darin, bereitgestellte Produkte (FBA) zu bewerben, weil dadurch höhere Profite erzielt werden.

Es gibt eine Vielzahl von Verkäufern, die einfach die Listings eines anderen kopieren da sie zu denken scheinen, dass ihnen das gleich viel Erfolg bringt, wie dem originalen Autor des Listings. Das sollten Sie nie tun, nicht nur weil Sie die wertvolle Möglichkeit verlieren, sich in den Augen des Kunden von Ihrer Konkurrenz abzuheben, sondern würden Sie ebenso die gesamte Linie eines Listings übernehmen, das vielleicht nicht wirklich für Sie geeignet ist. Es besteht die Möglichkeit, dass Sie um einiges besser werden, ein effektives, erfolgreiches Listing zu schreiben, besonders wenn Sie eine Suche gestartet haben, bei der Sie die Listings Ihrer Konkurrenten begutachtet haben! Geben Sie diese wichtige Gelegenheit nicht auf, sich von anderen zu unterscheiden und erinnern Sie sich, dass der erste Eindruck besonders zählt, wenn es um Kunden geht.

Wenn man auf dieser Linie fortfährt ist es ebenso wichtig, dass Sie sich die Zeit nehmen, um mit Ihren Kunden zu kommunizieren. Das könnte in der Form erfolgen, dass Sie Fragen beantworten die diese bezüglich der Produkte haben. Alternativ können Sie verkaufsfördernde Emails für Ihr Produkt oder ihre Marke senden, oder auch nur um sich für den Kauf oder die gute Bewertung zu bedanken. Der Kunde weiß dann, dass Sie sich die Zeit genommen haben um sicherzustellen, dass sie eine angenehme Erfahrung beim Kauf mit Ihnen hatten und das wird sich nicht nur in Ihren Erträgen niederschlagen, sondern auch in Ihrem Feedback.

Wenn Sie ein Listing auf der Amazon-Seite erstellen, registrieren Sie Ihre Produkte auf Amazon mit dem Universal Product Code (UPC). Dieser Code ist absolut einzigartig für Ihr Produkt und wird von dem Lieferanten/Hersteller geliefert. Es ist jedenfalls sehr wichtig, dass Sie ihn prüfen um sicherzustellen, dass der Lieferant/Hersteller Ihren UPC nicht geändert hat oder ein Produkt mit einem unterschiedlichen UPC geliefert hat. Das wird Ihnen dabei helfen sicherzustellen, dass Ihre Kunden das Produkt erhalten das Sie zum Verkauf anbieten. Das wird Ihnen ebenso dabei helfen, negatives Feedback zu vermeiden.

Am Ende des Tages gibt es keinen absolut sicheren Weg um vorherzusagen, ob Sie verkaufen werden oder nicht. Sie können jedoch Ihre Erfolgschancen verbessern, indem Sie von anderen erfolgreichen Verkäufern lernen und Ihren Zielmarkt tief untersuchen. Es ist wichtig sich daran zu erinnern, dass auch wenn Sie sich ausreichend Zeit für alle Prozesse genommen haben die Möglichkeit besteht, dass sich Ihr Produkt nicht so gut verkauft, wie Sie gehofft oder erwartet hatten. Der beste Tipp dafür ist Geduld. Fahren Sie fort an Ihrer Werbung und Ihren Produktaktionen zu arbeiten und nach neuen Wegen zu suchen, um Ihr Listing zu verbessern. Trotz dieser anfänglichen Lernkurve, die all Ihre Konkurrenten durchgemacht haben, gibt es immer mehr das Sie lernen können und Wege auf die Sie Ihre Strategien verfeinern können.

Wenn Sie Ihr Unternehmen aufbauen, ist es zu einfach und zu verlockend, steuerliche Angelegenheiten zu vermeiden. Es ist jedoch wichtig, dass Sie Ihren Steuerstatus ernst nehmen, besonders wenn Sie danach streben Ihr Geschäft so zu vergrößern, dass es den kleinen Rahmen des FBA-Verkaufs übersteigt. Es ist wahr, wenn Sie die Steuern nicht erklären, könnte es Jahre dauern um dies zu erörtern. In diesem Fall müssen Sie jedoch die Steuern komplett aus Ihrer Tasche zahlen, sowie Strafen und Zinsen, unabhängig davon ob Sie Verkaufssteuern bei den individuellen Transaktionen eingenommen haben oder nicht.

Wenn Sie damit fortfahren zu verkaufen und Ihr Unternehmen auf Amazon ausbauen, werden weiterhin Fragen auftauchen. Während dieses Buch eine gute Grundlage für Ihr FBA-Abenteuer bereitgestellt hat könnte es eine gute Idee für Sie sein, sich mit anderen Leuten und Unternehmen zu konsultieren, die ebenso durch die Herausforderungen und Erfahrungen als FBA-Verkäufer gehen. Es könnte eine Idee sein, nach Foren und Online-Gemeinschaften von Verkäufern zu suchen, alternativ prüfen Sie die Webseiten oder Podcasts, die von Verkäufern mit einer nachgewiesenen Erfolgsbilanz betrieben werden. Vielleicht können Sie mit Ihren gesammelten Erfahrungen als Beispiel für andere Verkäufer dienen, die gerade erst beginnen!

Erinnern Sie sich daran, dass Amazon eine App hat; diese App wird von dem Großteil der FBA-Verkäufer genutzt, um den Verlauf Ihres Unternehmens zu verfolgen. Warten Sie nicht, laden Sie sie heute herunter!

Kapitel 14 – Ihr Millionen-Dollar-Bussiness

Endlich macht sich Ihre harte Arbeit bezahlt und Sie verkaufen 20 – 30 Einheiten pro Tag. Sie beginnen, ein wenig Cashflow in Ihrem Unternehmen anzusammeln. Nun ist es an der Zeit, zur nächsten Phase übergehen. Die nächste Phase oder der nächste Schritt ist es, ein weiteres Produkt hinzuzufügen und genau den gleichen Prozess des ersten Produkts durchzumachen. Sie werden sehen, dass das zweite Produkt um einiges leichter sein wird, da Sie Kenntnisse und Erfahrungen gesammelt haben. Jedes Mal, wenn Sie ein neues Produkt hinzufügen und sich die Verkäufe verdoppeln sind Sie in der Lage, Ihr Unternehmen zu vergrößern. Sie haben genug Cashflow, um Ihre Produkte schnell zu bewerben und lassen Ihre Konkurrenz hinter sich. Sobald Sie anfänglichen Erfolg haben werden Sie herausfinden, dass es nicht lange dauern wird bis Sie Ihr Unternehmen ausbreiten können.

Wenn Sie damit beginnen ist es wichtig auf die Nische und die Marke aufzubauen, mit der Sie begonnen haben. Sie werden eine Synergie innerhalb der Verkäufe Ihrer Produkte erstellen und die Kunden werden beginnen mehrere Produkte von Ihnen zu kaufen, wenn sie mit Ihrer Marke zufrieden sind.

Sobald Sie eine Marke etabliert haben hält Sie nichts davon ab, mit anderen Marken zu beginnen, um Ihre Verkäufe zu diversifizieren. Mit jeder zusätzlichen Nische vergrößern Sie Ihr Unternehmen.

Das Beste an diesem Geschäftsmodell ist, dass es einfach automatisiert werden kann. Es gibt eine Menge Aufgaben die Sie erfüllen müssen, wenn Sie ein Produkt auf den Markt bringen. Aber es ist möglich, viele davon von einem Virtual Assistent erledigen zu lassen. Wenn Ihr Unternehmen wächst und sich ausweitet kann es Sinn machen, einen virtuellen Assistenten mittels Upwork einzustellen, was ebenso hilfreich ist um Ihre Marke/n schneller aufzubauen.

Ihr Millionen-Dollar-Geschäftsmodell

Wir nehmen an, dass jedes Produkt, das Sie verkaufen, eine durchschnittliche Gewinnspanne von €10 hat und Sie 20 Einheiten pro Tag verkaufen.

€1.000.000 Gewinn pro Jahr / €10 durchschnittliche Gewinnspanne = 100.000 Einheiten pro Jahr

100.000 Einheiten / 12 Monate / 30 Tage = 277 Einheiten pro Tag

277 Einheiten pro Tag /20 Einheiten pro Tag für jedes Produkt = circa 14 unterschiedliche Produkte

Sie benötigen möglicherweise 6 Monate um in der Lage zu sein, ein zweites Produkt zu vermarkten und dann weitere zwei Monate um ihr drittes einzuführen. Nach dieser Zeitpanne sollten Sie erkennen, dass es möglich ist mindestens ein Produkt pro Monat hinzuzufügen. Wenn Sie in der Lage sind, Ihr Unternehmen beim Vorwärtsgang zu unterstützen, wird das einzige Limit der Himmel sein und innerhalb der ersten zwei Jahre werden Sie Ihr eigenes Imperium der Eigenmarken aufgebaut haben.

Kapitel 15 – 90 Tage Aktionsplan

Um Ihnen beim Start zu helfen, habe ich diesen 90 Tage Aktionsplan entwickelt, den Sie dafür verwenden können um zu versichern, dass Sie Ihre Unternehmensziele auf rechtzeitige Weise erreichen und vervollständigen. Der Aktionsplan soll eine Orientierung sein und nichts, an das Sie sich zu stark binden sollten sofern Sie das nicht wollen. Er ist als Checkliste gedacht die Ihnen dabei hilft, Ihr Unternehmen mit Eigenmarke aufzubauen.

Woche 1

1. Erstellen Sie Ihren Verkäufer-Account auf Amazon.com. Es ist empfehlenswert, am Anfang einen Account der Art Merchant Fulfilled (eigene Abwicklung) zu erstellen, da dieser keine monatlichen Kosten mit sich bringt. So können Sie wirklich sehen, wie Listings erstellt werden. Sobald Sie bereit sind, können Sie zu einem professionellen Account wechseln (€39,95 pro Monat).

2. Machen Sie eine Liste von 20 – 30 Produktideen.

Woche 2

1. Erstellen Sie einen Account auf Aliexpress und Alibaba

2. Wählen Sie 10 – 20 potentielle Lieferanten

3. Fügen Sie Produkte zu Ihren Favoriten und erstellen Sie eine Mappe für jeden

4. Senden Sie ein E-Mail, in der Sie sich vorstellen

Woche 3

1. Bestellen Sie Proben

2. Suchen Sie die Listings und Bewertungen Ihrer Konkurrenten

3. Wählen Sie einen Name für Ihr Unternehmen

4. Lassen Sie ein Logo erstellen

Woche 4

1. Bewerten Sie die Proben, die Sie erhalten haben.

2. Fordern Sie Änderungen an, die Sie benötigen

3. Treffen Sie eine Entscheidung bezüglich des Lieferanten, mit dem Sie arbeiten werden

4. Gestalten Sie die Verpackung mit Logo

Woche 5

1. Bestellen Sie die Produktmengen

2. Gestalten Sie Ihr Listing

3. Verwenden Sie das Probeprodukt, um einige nicht geprüfte Bewertungen von einigen Ihrer Freunde und der Familie zu erhalten.

Woche 6 und 7

1. Fahren Sie fort, Bewertungen zu sammeln, während Sie darauf warten, dass der Versand das FBA erreicht

2. Stellen Sie Ihr Bewertungssystem mit dem Software-Provider Ihrer Wahl ein, feedbackgenius oder feedbackfive sind zwei der besten Provider

Woche 8

1. Sobald der Versand im FBA angekommen ist, beginnen Sie Ihren Einführungsprozess.

2. Erhalten Sie 15 – 20 Bewertungen von dem engen Kreis Ihrer Freunde und Familie

3. Aktivieren Sie Pay per Click

4. Organisieren Sie einen Giveaway für Werbezwecke

Woche 9 – 12

1. Arbeiten Sie kontinuierlich an weiteren Verkäufen und Bewertungen

2. Verfeinern Sie Ihr Listing ein Mal pro Woche

3. Bestellen Sie weitere Produkte

Das ist ein kurzer Schnappschuss davon, was bei dem Aufbau Ihres eigenen Unternehmens mit Eigenmarken involviert ist. Es stellt jedoch eine gute Grundlage für Sie dar um sicherzustellen, dass nichts vergessen wird.

Schlusswort

Nun, da Sie das Ende dieses Buchs erreicht haben, möchte Ich mich noch einmal bei Ihnen dafür bedanken, **Geld verdienen im Internet: Wie Sie mit Amazon FBA zwischen 3000 und 10000 Euro passives Einkommen generieren, ortsunabhängig leben und reich werden. Eine Schritt für Schritt Anleitung zur Selbstständigkeit.** gewählt zu haben.

Ich hoffe, dass Sie all das gefunden haben was Sie über FBA- Verkäufe und Produkte mit Eigenmarken wissen wollten. Ich habe Sie durch jeden einzelnen Schritt des Prozesses begleitet, von dem Erhalt eines Einblickes und des Verständnisses wie FBA funktioniert, bis hin zu der Wahl des Produktes, sowie dem Aufbau des Unternehmens und der Marke zu einer langfristigen Einkommensquelle.

Dieses Geschäft gehört nicht in das Schema „Schnell reich werden" und Sie müssen es vom ersten Tag realisieren, dass es Zeit und Hingabe erfordert um alle Einzelheiten der durch den Verkauf von Eigenmarken erforderten Prozesse zu organisieren. Mit konstanten Bemühungen werden Sie selbständig in der Lage sein, alle Hindernisse die Ihnen vielleicht den Weg versperren, zu überwinden und ein erfolgreiches Unternehmen in einem relativ kurzen Zeitraum aufzubauen.

Nun, wo Sie das Buch beendet haben, wissen Sie was notwendig ist um in Aktion zu treten und als FBA-Verkäufer durchzustarten. Sie haben eine umfassende Kenntnis der Arbeit und der Werkzeuge die verfügbar sind und wie diese erweitert werden können, damit Sie Ihre Prozesse beschleunigen und Ihr Geschäft aufbauen können. Ich würde jedenfalls empfehlen, dass Sie das Buch in Griffbereitschaft halten, damit Sie es immer als einen Bezugspunkt verfügbar haben und einfach auf die Kapitel zurückgreifen können wenn Sie glauben, dass Sie Ihre Erinnerung auffrischen müssen.

Ich hoffe wirklich, dass dieses Buch eine helfende Hand auf Ihrer Reise als FBA-Verkäufer darstellen wird! Mit diesem Buch hoffe ich, dass die Lernkurve für Sie schneller vorangeht, als wenn Sie es alleine versucht hätten. Nun ist es Ihre Gelegenheit ein Unternehmen zu starten, das es Ihnen erlauben wird von überall zu arbeiten.

Alles das Sie jetzt tun müssen, ist zu beginnen. Ich danke Ihnen erneut und hoffe wirklich, dass Sie dieses Buch informativ und interessant gefunden haben, während Sie sich einen weiteren Schritt dem Besitz Ihres eigenen Marken-Unternehmens nähern. Viel Glück, Sie können es schaffen!

Online Geld verdienen

Wie Sie mit Kindle Publishing zwischen 3000 und 10000 Euro passives Einkommen generieren, ortsunabhängig leben und finanziell frei werden, ohne auch nur ein Buch selber zu schreiben. Eine Schritt für Schritt Anleitung.

Sven Koch

Inhaltsverzeichnis

Einleitung

Herzlich Willkommen beim Buch „Online Geld verdienen: Wie Sie mit Kindle Publishing zwischen 3000 und 10000 Euro passives Einkommen generieren, ortsunabhängig leben und finanziell frei werden, ohne auch nur ein Buch selber zu schreiben. Eine Schritt für Schritt Anleitung." Dieser Ratgeber kann Ihnen dabei helfen, alles über die Welt des Kindle Direct Publishing, zu erfahren.

Kindle Direct Publishing, kurz KDP, ist ein kostenloses Angebot des Onlinehändlers Amazon, um verlagsunabhängig Bücher zu veröffentlichen. Amazon ist einer der größten internetbasierten Marktplätze der Welt. Amazon ermutigt Schriftsteller und Autoren aktiv, selbst, auf deren Plattform, zu veröffentlichen. So sichert die Seite sich zudem eine große Auswahl an Kindle Büchern, die sie ihren Kunden anbieten kann.

KDP ist eine große Chance für jeden, der ein wenig Erfahrung und Können vorweisen kann, seine E-Books einer breiten Masse zur Verfügung zu stellen und damit eine sehr hohe Tantieme zu erhalten. Um erfolgreich zu sein müssen Sie nicht einmal selbst schreiben können – Sie können Ihr Projekt an Freelancer und andere Schriftsteller outsourcen. Sie müssen jedoch das richtige Händchen dafür haben, die richtigen Projekte zu wählen und profitable Nischen zu finden. Glücklicherweise können Sie diese beiden Fähigkeiten mit diesem Buch erlernen.

Sobald Sie diese beherrschen, können Sie selbst jeden Monat ein beachtliches passives Einkommen beziehen. Welches letztendlich zu einem Einkommen, das gut zum Leben reicht, führen kann. Die geschicktesten KDP-Verleger können in einem Jahr sogar eine über sechsstellige Summe erzielen.

Dieser Ratgeber führt Sie Schritt für Schritt durch den Prozess ein gut verkäufliches Buch zu erstellen. Zudem erhält es Details, wie Sie eine gute Titelseite erstellen, Lizenz- und urheberrechtliche Texte schreiben und wie Sie mit Freelancern umgehen. Los geht's!

Ein KDP-Konto erstellen

Um mit Hilfe von Amazon verlagsunabhängig zu verlegen, benötigen Sie ein Kindle Direct Publishing Konto. Das KDP Konto ist eine eigenständige Einheit neben Ihrem Haupt-Amazon-Konto. Sie können von Ihrem Hauptkonto aus auf die KDP Webseite zugreifen, was es Ihnen ermöglicht, ein neues KDP Konto zu erstellen.

Grundsätzlich ist der Registrierungsprozess recht unkompliziert, falls Sie zuvor bereits Online-Konten erstellt haben. Sie werden nach Ihrem Namen, Adresse, E-Mailadresse und Kreditkartendetails gefragt. Um Ihr Konto jedoch zu vervollständigen, müssen Sie Ihr Konto zudem mit Ihrem Bankkonto verbinden und Steuerinformationen bereitstellen. Ohne die Steuerinformationen können Sie keine Bücher veröffentlichen und ohne die Bankdetails können Sie keine Tantiemen beziehen.

Die momentane Auswahl an Ländern, die KDP nutzen können, ist auf die Folgenden begrenzt:

Vereinigte Staaten

Vereinigtes Königreich

Deutschland

Frankreich

Spanien

Italien

Japan

Brasilien

Mexiko

Niederlande

Australien

Kanada

Indien

Sie müssen auch, je nach Land, die passende Währung, in welcher das Geld auf Ihr Konto überwiesen werden soll, angeben. (Für die Vereinigten Staaten müssten Sie US Dollar wählen, für das Vereinigte Königreich Pfund und so weiter.) Einige Staaten haben ein Steuerabkommen mit den USA und sind damit zu einem Steuersatz von 15% berechtigt, der für verlagsunabhängige Verleger aus den USA gilt – andernfalls müssen Sie mit einem Steuersatz von 30% auf Ihr Einkommen rechnen.

In Ihrem KDP-Konto gibt es ein paar weitere Tabs. Das Bücherregal, auf welchem Sie Ihre Bücher hochladen und nach den Amazon-Kategorien klassifizieren können. Diese Klassifizierung ist besonders wichtig, da das Wählen einer falschen Kategorie dazu führen kann, dass Ihre Kunden Ihr Buch nicht finden können, wenn sie nach Buchtiteln suchen. Sie laden hier auch die Vorderseite des Buches, verschiedene, bezeichnende Schlüsselwörter und Ihre Buchbeschreibung hoch (auch dies ist essentiell für das Finden Ihres Buches auf Amazon).

Ein weiterer Tab ist der Berichte-Tab. Hier können Sie Metriken und Daten darüber ersehen, wie gut sich Ihr Buch verkauft. Dies ist sehr nützlich für erfahrene Verleger, die in der Lage sind, diese Daten richtig zu interpretieren. Im Moment werden Sie diesem Tab wenig Beachtung schenken, sie werden sich jedoch darauf berufen, je mehr Sie in KDP involviert sind.

Der Community Tab verbindet Sie mit einem KDP-Hilfeforum, wo Sie Fragen, bezüglich jedes Problems, welches auftaucht, stellen können. Man kann dieses Forum auch dazu nutzen, um Beratung und Hilfe bezüglich des Marketings im Bereich Selbst-Veröffentlichung zu erbitten. Es kann daher einen praktischen Ort darstellen, um Tipps und Tricks aufzugreifen, wenn Sie ein paar Stunden erübrigen können.

Der letzte Tab ist KDP Select. KDP Select ist im Grunde dazu da, Ihr Buch für Amazon exklusiv zu machen, um dadurch ein paar Vergünstigungen und Zulagen auf ihrer Plattform zu erhalten. Wir werden später genauer auf KDP Select eingehen.

SVEN KOCH

Eine profitable Nische finden

Obwohl viele Menschen KDP als einfache Art, Geld zu verdienen, anpreisen, ist die Wahrheit, dass es im Bereich des Verkaufes viel Konkurrenz gibt. Die ersten verlagsunabhängigen Verleger fanden eine große Nachfrage, nach einer ganzen Bandbreite an Themen, vor und sie haben schnell ihren Nutzen aus den einfachen Nischen gezogen. Nun ist es so, dass wenn Sie Verkäufe erzielen möchten, Sie ein Thema oder ein Gebiet finden müssen, das unerschlossen ist, oder kaum von anderen Verlegern genutzt wird. Das bedeutet in der Regel zwei Dinge.

Erstens kann es bedeuten, dass die Nische neu ist und dass Ihr Buch ein relativ neues Thema oder eine neue Entwicklung in der Welt abdeckt. Die zweite Möglichkeit ist eine Nische, die viele Suchanfragen und eine hohe Aufmerksamkeit anlockt, die jedoch aus irgendeinem Grund weniger Titel und weniger Konkurrenz aufweist, als andere potenzielle Themen. Wichtig ist in jedem Fall, dass Sie eine Nachfrage decken.

Um diese Nachfrage herauszufinden, müssen Sie Nachforschungen anstellen und herausfinden, was im Moment im Trend liegt. Beginnen Sie damit, nach den Bestsellern der Sachliteratur zu suchen.

Viele dieser Bücher werden zu den gebundenen Büchern gehören. Lassen Sie sich dadurch aber nicht einschüchtern. Sehen Sie sich stattdessen die Kategorien auf der linken Seite an und beginnen, diese zu durchforsten.

Hier können Sie sich die Top 100 der Bestseller für die gegebenen Kategorien anzeigen lassen, welche, wie Sie feststellen werden, auch Unterkategorien haben. Suchen Sie weiter, bis Sie auf die selbstveröffentlichten Bücher stoßen. Dies wird Ihnen eine Vorstellung von dem Standard und Schreibstil geben, auf welchen Sie abzielen und welchen Status Sie erreichen können. Testen und begreifen Sie die Vorlagen, die Sie sehen, sowohl bezüglich der Themen, als auch der Titel und Beschreibungen. Sie sollten innerhalb von ein bis zwei Stunden einen guten Eindruck darüber gewinnen, was sich gut verkaufen lässt.

Dies allein ist jedoch nicht genug. Es reicht nicht aus, zu erfahren, welche E-Books sich gut verkaufen, sie müssen auch erfahren, ob es Platz für Sie zur Vervollständigung der Nische gibt. In der Regel nutzen die Leute die Bestsellerliste, um herauszufinden, ob eine Kategorie realisierbar ist, oder nicht. Die Bestsellerliste ein Indikator, wie viele Verkäufe ein Buch erzielt hat. Je kleiner die Zahl ist, desto höher sind die Verkäufe.

Es gibt mehrere Methoden, das Bestseller-Ranking einzubauen. Einige Menschen behauten, dass das verlagsunabhängige Verlegen nur dann Sinn macht, wenn das erste Buch, in der gewählten Kategorie, einen Bestsellerrang von weniger als 25.000 hat. Wenn er höher ist, ist dies ein einfaches Indiz dafür, dass nicht genug Leute dieses Buch in dieser Kategorie kaufen, als dass sich die Zeit, die man in die Veröffentlichung dieses Buch stecken muss, lohnen würde. Andere Leute dagegen behaupten, dass Sie einfach nur eine Kategorie finden müssen, dessen Bestsellerrang unter 30.000 ist. Wieder andere suchen nach Kategorien, mit mehreren Büchern mit einem Bestsellerrang von weniger als 15.000.

In Wahrheit gibt es so etwas wie eine „magische Zahl", die eine der gegebenen Kategorien realisierbar macht, wahrscheinlich gar nicht. Was Sie jedoch tun sollten, ist, auf diese zahlen der Bestseller zu schauen, um eine Kategorie mit hoher Nachfrage zu finden, von der Sie denken, dass Sie die Möglichkeit haben, darin zu konkurrieren.

Der nächste Schritt ist, Ihr Verständnis für die Konkurrenzdichte in der festgelegten Kategorie zu verfeinern. Sie bewerkstelligen dies, indem Sie das Bestseller Ranking eines Buches mit den Positionen von anderen Büchern in der Top 100 Bestsellerliste, für diese Kategorie, vergleichen.

Zum besseren Verständnis: die Top 100 Bestseller in jeglicher festgelegten Kategorie sind, wenn Leute diese Kategorie durchsuchen, als Liste dargestellt. Diese 100 Bestseller sind in fünf Seiten mit je 20 Titeln unterteilt. Die Leute werden vorwiegend Bücher von der ersten Seite der Bestsellerliste kaufen, von den Top 20 Bestsellern dieser Kategorie. Je weiter Sie an der Top 100 sind, desto geringer ist die Wahrscheinlichkeit, gefunden zu werden.

Und hiermit kommen wir zum raffinierten Teil beim Betrachten des Bestsellerrankings. Wenn Sie eine Kategorie finden können, in welcher die ersten paar Titel einen niedrigen Platz im Bestsellerranking einnehmen (was bedeutet, dass sie sich gut verkaufen), die Titel gegen Ende der ersten 20, ein hohes Bestsellerranking erzielt haben (was bedeutet, dass sie sich nicht so gut verkaufen), gibt es ausreichend Platz für Sie, Ihre Veröffentlichung auf die beliebte erste Seite zu bringen.

Also, falls die ersten paar Titel einen Bestsellerrang von weniger als 25.000 haben, können Sie voraussetzen, dass diese eine beachtliche Zahl an Verkäufen erzielen und, dass es eine große Nachfrage für diese Nische gibt. Falls jedoch die die letzten paar Titel auf der ersten Seite ein Bestsellerranking von, sagen wir, mehr als 80.000 haben, können Sie daraus schließen, dass die Konkurrenz für diese Verkäufe nicht sehr groß ist. Auf der anderen Seite ist es so, dass wenn der 20. Titel ein gutes Bestsellerranking (sagen wir einmal, weniger als 10.000) hat, es unwahrscheinlich ist, dass Sie eine große Chance haben.

Es gibt hier natürlich, wie bereits erwähnt, keine magische Zahl. Nichtsdestotrotz, je größer der Unterschied zwischen den Verkäufen der ersten paar Titel auf der Bestsellerliste einer Kategorie, und den Verkäufen auf den Rängen 15-20, ist, desto schwächer ist die Konkurrenz.

Zusätzlich können Sie auf die Anzahl der Konkurrenztitel schauen. Je weniger konkurrierende Titel es gibt, desto wahrscheinlicher werden Sie Verkäufe erzielen, auch wenn Sie es nicht schaffen, die repräsentativen Top 20 zu knacken.

Um alle Informationen zu sammeln, ist es das Beste, alle Daten in einer Tabelle oder einem Dokument festzuhalten. Beginnen Sie im Amazon-Bücherregal. Schreiben Sie alle Titel der Nische nieder und sammeln Sie 1) das Top Bestsellerranking, 2) Top 20 Bestsellerranking, 3) Anzahl an konkurrierenden Titeln. Wiederholen Sie das ganze, bis Sie viele Nischen abgedeckt haben (insgesamt gibt es 400, falls Sie wirklich engagiert sind). Nun sehen Sie sich alle Tabellen an und wählen einfach die besten Themen. Falls sie selbst über diese Themen schreiben, werden die Themen, bezüglich Ihrer Stärken, eingrenzen. Während Sie, wenn Sie Freelancer beschäftigen, jegliche Themen wählen können, von denen Sie erwarten können, dass ein begabter Forschender es aktiv schreibt.

Wenn Sie weniger dazu geneigt sind, die schwere Arbeit selbst zu machen, gibt es zahlreiche Instrumente, Webseiten und Software, die vorgeben, die besten Verkaufsnischen für Sie zu finden. Wenn Sie sich jedoch für die Nutzung eines solchen Instruments entscheiden, können Sie nicht wissen, nach welchen Algorithmen oder Methoden sie vorgehen, um diese Nischen zu finden. Zudem sollten Sie damit rechnen, dass Sie für die Nutzung dieser Services zahlen müssen. Nichtsdestotrotz schwören einige KDP Autoren auf diese externen Seiten, daher möchten Sie diese vielleicht testen. KDK1, Better Book Tools und Kdspy sind die bekanntesten Möglichkeiten.

SVEN KOCH

Outsourcing

Sobald Sie eine Nische gefunden haben, die profitabel erscheint, wird es Zeit Arbeit in Ihr E-Book zu stecken. Falls Sie entschieden haben, das Projekt selbst zu verfassen, ist alles, was Sie tun müssen, Recherche über das Thema zu betreiben und dementsprechend zu schreiben. Natürlich benötigen Sie perfekte Grammatik- und Rechtschreibkenntnisse, Sie sollten jedoch auch versuchen, Ihren eigenen Stil zu finden.

Sie müssen einen Mittelweg finden, sodass Sie klar und informativ, und gleichzeitig kurzweilig und interessant schreiben. Sollten Sie Zweifel haben, dass Sie dies können, könnten Sie im Internet nach Schreibratgebern und Helfern zum Verfassen suchen. Grammarly ist eine bekannte Software, die auf Ihrem Browser und in Ihre Word Dateien implementiert werden kann, um Ihre Rechtschreibung, Grammatik und den Lesefluss zu überprüfen. Sie können auch einfach ein paar der selbstpublizierten E-Books, die sich am besten verkaufend, kaufen, um derm Rhythmus und Geschwindigkeit nachzueifern.

Falls Sie sich dafür entscheiden, Freelancer zu beschäftigen, ist die beste Plattform Upwork. Upwork nutzt ein Auktionssystem, um Auftraggeber mit Freelancern in Verbindung zu bringen. Sie erstellen ein Auftraggeber-Profil, welches Sie dann dazu nutzen können, eine Stellenausschreibung zu erstellen. Ihre Stellenausschreibung muss detailliert sein, mit Informationen bezüglich des Budgets, des Zeitfensters und der benötigten Qualifikationen für den Job.

Es ist auch gut seltsame oder einzigartige Fragen zu stellen, um sicherzugehen, dass die Freelancer Ihre Beschreibung vollständig gelesen haben. Viele Leute bewerben sich blind für jede Stellenausschreibung, mit Hilfe von ein paar vorgefertigten Antworten – Sie möchten zumindest wissen, dass jemand ein ehrliches Interesse an Ihrem Projekt hat und nicht einfach wahllos seine Bewerbung unter Ihre Anzeige packt.

Kluge Auftraggeber auf Upwork tendieren dazu, Fragen zu stellen wie: „Wer war der 30. Präsident der Vereinigten Staaten? – googeln Sie dies und beantworten die Frage zu Beginn Ihrer Bewerbung". Dies hilft Ihnen,

Leute herauszufiltern, die nicht wirklich aufmerksam sind (wenn sie die richtige Antwort nicht liefern).

Sie haben auch die Möglichkeit, den potenziellen Freelancern Fragen zu stellen, um herauszufinden, ob sie die Richtigen für Sie sind. Es ist eine gute Idee, einige Standardfragen zu stellen. Seien Sie jedoch nicht zu eifrig und übertrieben mit Ihrer Untersuchung.

Fragen, wie *„Was qualifiziert Sie für diesen Job?"* oder *„Was sind Ihre relevanten Erfahrungen?"* sind in Ordnung. Fragen, wie „Warum möchten Sie ein Freelancer sein" oder „Wo sehen Sie sich selbst in fünf Jahren" gehen eindeutig zu weit. Die Projekte, die Sie in Auftrag geben, sind kurze, temporäre Projekte zwischen zwei Fremden. Sie müssen nicht deren Lebensgeschichte kennen – im Endeffekt geht es nur darum, zu sehen, ob die Leute sich die Zeit nehmen, wohlüberlegte Antworten zu schreiben.

Stellen Sie zum Schluss sicher, dass der potenzielle Freelancer alles weis, was er wissen muss. Falls Sie nach einem englischen Muttersprachler suchen (das Thema wird weiter unten noch genauer erläutert), geben Sie dies so an. Es muss auch erwähnt werden, wenn Sie Ihr Buch in amerikanischem Englisch verfasst haben möchten. Wenn es irgendeine Art von Unterthema oder Recherchematerial gibt, dass Teil des Inhaltes sein soll, muss dies auch erwähnt werden.

Freelancer können sich dieses Projekt dann anschauen und ein Angebot abgeben. Als Auftraggeber haben Sie dann das Privileg, zwischen duzenden von Freelancern, die sich für den Job beworben haben, zu entscheiden. Sehen Sie sich die Profile derjenigen, die in Frage kommen, genau an. Viele Leute werden ihre Fähigkeiten extrem aufbauschen, jedoch beschämende und schmerzhafte, offensichtliche Rechtschreib- und Grammatikfehler in der ersten Zeile ihres Profils aufweisen.

Sobald Sie jemanden gefunden haben, den Sie mögen, kontaktieren Sie ihn mit Hilfe einer privaten Nachricht, um zu sehen, ob er noch immer an dem Job interessiert ist. Freelancer sind beschäftigte Leute und es kann sein, dass sie nicht mehr verfügbar sind, oder Sie zu lange gebraucht haben, um zu antworten, sodass sich ihre Meinung geändert hat.

Sie möchten Ihre Freelancer eventuell auch mit einer formatierten, standardisierten Vorlage Ihres eigenen Designs ausstatten. Amazon hat strenge Restriktionen bezüglich der Formatierung und des Stils von selbst-veröffentlichtem Material, mit welchem Freelancer vielleicht nicht vertraut sind. Ersparen Sie sich und ihnen Schwierigkeiten, indem Sie ein Blanko Formular mit Instruktionen weiterleiten, das alle notwenigen Änderungen bereits enthält. (Wir werden darauf später in diesem Kapitel weiter eingehen.)

Sollten Sie Unterthemen oder eine Grundgliederung des Buches haben, welcher gefolgt werden soll, ist dies die passende Zeit, um die Informationen weiterzugeben. Andernfalls wird Ihr Freelancer lediglich mit einem Titel arbeiten (was in Ordnung ist, solange dieser das Wesen des vollendeten Projekts, wie Sie es sich wünschen, wiedergibt).

Stellen Sie am Ende sicher, dass sie darauf eingehen und vollständig verstanden haben, was Sie von ihnen wünschen. Wenn dies so scheint, können Sie ihnen den Vertrag zukommen lassen, den sie akzeptieren sollten. Glückwunsch! Sie haben Ihren ersten Freelancer beauftragt. Hier bietet sich eine weitere Möglichkeit, um einzigartige Anforderungen zu wiederholen (wie das Recherchematerial oder der Nachfrage nach amerikanischem Englisch).

Wie bei allem im Leben, bekommen Sie das, wofür Sie bezahlen. Den geringsten Betrag für Ihr Projekt aufzuwenden, ist nicht immer die beste Idee – erfahrene Freelancer kennen ihren Wert und werden für besser bezahlte Jobs kämpfen.

Solange Sie jedoch die die Standardrate zahlen, welche, für ein Projekt mit Ihrer Wortanzahl, momentan bei 10€ pro 1.000 Wörtern liegt, sollten Sie keine Probleme haben eine große Anzahl von verfügbaren Freelancern für Ihr Projekt zu finden. Es gibt tausende von talentierten und ausgebildeten Schriftstellern, die in Vollzeit freiberuflich arbeiten, neben anderen Wortakrobaten, die freiberuflich arbeiten aufgrund von Arbeitslosigkeit oder einem Teilzeitjob oder auch einfach nur, um etwas Geld zusätzlich zu verdienen.

Es gibt jedoch ein paar Vorsichtsmaßnahmen. Sie sollten immer nach einem Muttersprachler für Ihr Projekt suchen. Auch wenn das Profil eines Nicht-Muttersprachlers stark wirkt, seien Sie vorsichtig. Viele Freelancers lassen ihre Profile von jemanden verfassen, der kompetenter als sie, in der Sprache ist, was ihre wahren Fähigkeiten in einem besseren Licht erscheinen lässt. Auch wenn ein Nicht-Muttersprachler ein kompetentes Gespür für die Sprache hat, was Grammatik und Syntax angeht, ist es schwer alle Redensarten und kulturellen Beziehungen zu übernehmen, die in die jeweiligen Sprachen eingebettet sind.

Sie werden auch jemanden wollen, der seine Ideen in Worten und Phrasen ausdrückt, welche sich mit dem Leser verbinden, und der in der Lage ist, die Gedanken seiner Leser mit einer gelegentlichen Metapher oder einem ungewöhnlichen Ausdruck zu erhellen. Dies zu erreichen ist schwer für jemanden, der nicht für eine sehr lange Zeit mit dieser Sprache überflutet wurde.

Zudem sollten Sie Ihre Freelancer projektbezogen, nicht stundenweise bezahlen. Stundenraten sind besser geeignet für intimere Projekte zwischen Freelancer und Auftraggeber, wo es über ein längeres Projekt hinweg eine Vertrauensbasis gibt. Die meisten Ihrer Projekte werden, zumindest zu Beginn, relativ kurz sein. Zudem werden Sie mehrere verschiedene Freelancer wählen und mit ihnen experimentieren, sodass ein vorgegebenes Budget klare Erwartungen und Verständnis für beide Seiten bietet.

Sie sollten auch erwägen, Ihr Budget zu teilen, sodass der Freelancer einen Bonus erhält, wenn er das Projekt pünktlich liefert. Dies bedeutet nicht unbedingt, dass Sie mehr bezahlen müssen – Sie teilen einfach die Standardrate in ein Budget, das der Freelancer auf jeden Fall erhalten wird und einen kleinen Teil, den er erhält, wenn er das Projekt innerhalb der vorgegebenen Zeit abschließt. Falls Sie zum Beispiel ein Projekt mit 8.000 Wörtern outsourcen, können Sie arrangieren, dass er 65€ erhält, mit einem Bonus von 15€, wenn er es innerhalb von X Tagen abschließt. Dies bietet Ihren Freelancern einen zusätzlichen Anreiz, ihre Arbeit pünktlich abzugeben.

In Bezug auf die Deadline sind 1 Woche für 10.000 oder weniger Wörter angemessen. Natürlich ist es nicht immer schlecht, Ihren Freelancern einen etwas längeren Zeitraum zu gewähren – es kann Ihr Projekt attraktiver gegenüber Konkurrenzangeboten wirken lassen, was die Chance erhöht, dass ein besserer Freelancer sich für Ihr Projekt bewirbt.

Je nachdem wie vorsichtig Sie sind, werden Sie eventuell auch kleinere Meilensteine für die Freelancer setzen wollen, mit denen Sie das erste Mal zusammenarbeiten. Falls Sie zum Beispiel ein Projekt mit 10.000 Wörtern haben, könnten Sie um je 2.500 Wörter auf einmal bitten, mit Auszahlung des Budgets, sobald ein Teil geliefert wurde. Dies hilft Ihnen, abzusichern, dass Ihr Freelancer dem Zeitplan folgt, es bietet Ihnen aber auch die Möglichkeit, Feedback in Bezug auf Stil und Inhalt des Abschnittes zu geben und alternative Regelungen vorzubereiten, falls die Qualität geringer als der Standard ist.

Ebenso können Sie nach einer Probe bitten, bevor Sie den Vertrag ausgeben. Seien Sie jedoch vorsichtig. Je mehr Bitten und Forderungen Sie in Bezug auf Ihren Vertrag stellen, desto unattraktiver wird Ihr Projekt im Vergleich zur Konkurrenz wirken und desto weniger Wahrscheinlich ist eine Bewerbung der Freelancer. Dies kann die Ungebundenen abschrecken, aber treiben Sie es nicht zu weit.

Sobald Ihr Freelancer die Arbeit präsentiert, sollten Sie es schnell lesen und beurteilen und das Budget auszahlen, wenn die Qualität zufriedenstellend ist. In der Beziehung mit einem Freelancer ist es einfach, viel zu verlangen und zu vergessen, im Gegenzug ein guter Auftraggeber zu sein. Zu antworten und das Budget schnell auszubezahlen ist wichtig für die finanzielle Sicherheit des Freelancers und hilft Vertrauen und ein gegenseitiges Wohlwollen aufzubauen. Das ist wichtig, um die Freelancer zu behalten, die einen guten Job machen. Wenn ein Freelancer talentiert ist, sollten Sie zusehen, dass Sie ihn mit wiederholten Arbeiten festnageln – falls Sie zu lange warten, könnte er bereits anderweitig beschäftigt sein.

Als Schlussbemerkung ist noch zu sagen, dass Sie, sobald Sie ein Stellenangebot eingestellt haben, mindestens einmal pro Tag Ihr Upwork-Profil überprüfen sollten (besser sind 2-3 Mal oder öfter). Von Zeit zu Zeit könnten bei Ihren Freelancern Probleme oder Fragen auftauchen, auf welche Sie antworten müssen und eine gute Kommunikation wird generell einfach geschätzt.

Schlüsselwörter finden

Sobald Sie ein E-Book haben, mit dem Sie arbeiten, ist es nun Zeit, mehr über das Marketing zu erfahren. Amazon erlaubt es den Leuten, ihre Kreationen mit bis zu sieben Schlüsselwörtern auszustatten. Sobald Leute eine Suche anstellen, die diese Schlüsselwörter beinhaltet, oder die sich auf sie bezieht, wird Ihr Buch auftauchen. Daher sollten Sie Schlüsselwörter wählen, die bekannt sind und nach denen viele Menschen suchen.

Die Manipulation von Schlüsselwörtern ist ein heikles Thema. Suchmaschinen sind dahingehend eingestellt, dass sie versuchen die *besten* Resultate für eine bestimmte Anfrage liefern, während die Manipulation von Schlüsselwörtern darauf abzielt, die Aufmerksamkeit und den Datenverkehr für einen bestimmten Bereich zu maximieren – zwei einander entgegenstehende Ziele. Kurz nachdem Suchmaschinen ins Leben gerufen wurden, gab es einfache Methoden, um das Ranking der Ergebnisse massiv zu beeinflussen.

Zum Beispiel haben die ersten Suchmaschinen ein Ergebnis höher eingestuft, je häufiger ein bestimmtes Schlüsselwort wiederholt wurde – was dazu geführt hat, dass Leute ganze Paragraphen und Webseiten mit nur einem einzelnen Wort oder einem Satz zugemüllt haben, um ihre Ergebnisse an oberster Stelle zu haben.

Moderne Suchmaschinen sind wesentlich ausgeklügelter und erkennen viele der Möglichkeiten, die Menschen einsetzen, um die Resultate zu verändern. Zudem werden Sie bei explizitem und offenem „Spielen" mit dem System, ausgeschlossen und von Amazon entfernt.

Im Grunde ist die Aussage dahinter, dass Sie noch immer echt und ehrlich mit der Nutzung Ihrer Schlüsselwörter umgehen müssen. Manche Suchanfragen sind bekannter als andere und Sie können dies zu Ihrem Vorteil nutzen, Sie können das System jedoch nicht völlig in die Irre führen oder überlisten.

Nachdem dies klar ist, können wir nun über die Suche nach Schlüsselwörtern reden. Ich hatte bereits erwähnt, dass einige Schlüsselwörter

SVEN KOCH

bekannter sind, als andere, aber wie finden Sie dies heraus?

Nun, eine Möglichkeit, die Suche nach Schlüsselwörtern zu gestalten, ist, ein Wort in das Suchfeld auf Amazon zu schreiben, und zu sehen, welche Erweiterungen zu diesem Wort kommen. Amazon stellt Ihnen automatisch die häufigsten Suchanfragen nach einem bestimmten Schlüsselwort zur Verfügung. Dies kann Ihnen einen Einblick darüber geben, nach was die Leute suchen.

Ich habe zum Beispiel, als ich das Buch geschrieben habe, das Wort „Angst" in das Amazon-Suchfeld eingegeben und habe folgende Erweiterungen erhalten:

Angst Phobie Arbeitsheft

Angst Arbeitsheft

Angst Bücher

Angst & Depression

Mit dieser schnellen Methode, kann ich nun neu interpretieren, wie ich ein Buch über Angst schreiben möchte. Ich sehe nun, dass der Begriff „Übungsbuch" bekannt ist und dass kombinierte Suchanfragen (zum Beispiel Angst & Phobie oder Angst & Depression) verbreitet sind. Nun kann ich anhand von diesen neuen Erkenntnissen meinen Inhalt und den Titel bearbeiten.

Wenn Sie diese Methode über das Suchfeld verwenden, ist es wichtig, immer nur einen Buchstaben auf einmal einzugeben und auf die Ergebnisse zu warten. Sie müssen auf der einen Seite der Amazon-Suchmaschine genug Zeit geben, um eine annehmbare Ergebnisliste bereitzustellen, auf der anderen Seite möchten Sie sicher nicht die Ergebnisse filtern, indem Sie zu viele Wörter und Buchstaben eingeben.

Bitte beachten Sie auch, dass Sie diese Suche eher im Bereich der Bücher auf Amazon durchführen sollten, als im gesamten Online-Shop. Falls Sie den Fehler begehen, letzteres zu tun, werden Sie Informationen über Suchanfragen erhalten, die nicht in der Verbindung zu Büchern stehen (so etwas wie Angst-Pillen, was wahrscheinlich keine Nische ist, über die Sie schreiben möchten oder was Sie als Schlüsselwort verwenden sollten).

Natürlich sollten solchen Anpassungen eher vor dem Schreiben, als nach dem Schreiben, vorgenommen werden. Wenn Sie einfach den Titel und die Beschreibung eines bereits geschriebenen Buches verändern, würde dies implizieren, dass der Inhalt sich von dem unterscheidet, was es tatsächlich ist, was unter „Spielen" mit dem System fällt.

Das ist jedoch nur die Spitze des Eisbergs. Die Schlüsselwörter auf Amazon schwächen sich in ihrer Wichtigkeit mit der Zeit ab, da die detaillierte Suche auf Amazon es ermöglicht, andere Faktoren zu nutzen, um Ihre Produktplatzierung zu bestimmen (so etwas wie die Anzahl der positiven Rückmeldungen und die Anzahl an Verkäufen).

Amazon hat zudem strenge Regeln in Bezug auf die Schlüsselwörter. Sie können zum Beispiel kein Schlüsselwort nutzen, das in Ihrem Buchtitel oder auf der Verkaufsseite des Buches zu finden ist. Daher müssen Sie ziemlich listig sein, welche Wörter Sie tatsächlich benutzen – die Bekanntesten sind vielleicht besser in Ihrem Titel oder auf der Verkaufsseite aufgehoben (die Gründe hierfür werden weiter unten erklärt).

Zusätzlich unterscheidet sich das Schlüsselwort-System von Amazon von den Systemen, die andere Suchmaschinen nutzen. Anders ausgedrückt ist das Schlüsselwort-System von Amazon *intern* und nur für den Amazon-Shop von Bedeutung.

Dies mag nun nicht nach einem Problem klingen, aber schließlich verlegen Sie selbst über Amazon. Nichtsdestotrotz kommt eine große Anzahl der Verkäufe, von selbstvertriebenen Büchern, durch Suchanfragen von Leuten auf Suchmaschinen, nämlich Google, die dann auf Ihre Amazon Webseite weitergeleitet werden, zustande.

Daher reicht es nicht, sich nur darüber Gedanken zu machen, was auf Amazon erfolgreich ist, sondern auch, was auf *Google* gesucht wird. Jetzt wird es interessant.

Glücklicherweise gibt es eine große Bandbreite an Instrumenten, die verfügbar sind, um die Daten für Suchanfragen auf Google ausfindig machen zu können. Diese werden Ihnen die verschiedenen Arten von Daten zur Verfügung stellen. Beachtenswert ist vor allem, wie häufig auf der Google

Suchmaschine nach bestimmten Begriffen gesucht wird. Nun müssen Sie systematisch Begriffe in die Google Trendmaschine eingeben, um herauszufinden, wonach die Leute suchen.

Zum Beispiel gibt mir die Suche nach „Angst" viele nützliche Informationen. Mir wird ein Graph angezeigt, der ausführlich aufzeigt, wie die Anfrage nach „Angst" in den letzten Jahren gestiegen ist. Mir werden auch die Standorte dieser Suchanfragen mitgeteilt. Zudem werden mir die häufigsten zusätzlichen Anfragen mitgeteilt, welche in diesem Fall *Angststörung* und *Angstsymptome* sind. Mir wird eine Anzahl von möglichen damit zusammenhängenden Suchanfragen mitgeteilt, wie zum Beispiel *Panikattackensymptome*, welche ich für weitere Nachforschungen verwenden kann.

Indem ich nur eine Minute dafür aufgewendet habe, habe ich nun eine Vorstellung davon, dass es klug wäre, die Begriffe *Angststörung* und *Angstsymptome* mit in meinen Titel und / oder meine Beschreibung hinzuzufügen. Zudem habe ich Hinweise für weitere potenzielle Themen und weitere Recherchefelder.

Natürlich müssen diese Daten mit einer gewissen Skepsis betrachtet werden. Leute, die auf Amazon suchen, sind eher geneigt, Einkäufe zu tätigen, während Leute, die auf Google suchen, vielleicht nur nach Informationen suchen. Es gibt keine Garantie dafür, dass die Informationen auf Google Ihnen dabei helfen, Ihre Verkaufszahlen zu erhöhen, obwohl es definitiv einen Faktor darstellt, der berücksichtigt werden sollte. Nichtsdestotrotz verzeichnet Google einen bedeutend höheren Datenverkehr als Amazon, und dies wird nützlich sein, um Ihrem Buch auch in der Zukunft Aufmerksamkeit zu verschaffen.

Es ist wichtig zu erwähnen, dass die Schlüsselwärter, die Sie auf andere Suchmaschinen abzielen, nicht Teil der sieben Schlüsselwörter auf Amazon sind. Sie sollten diese Wörter stattdessen wohlüberlegt in Ihrem Titel, Untertitel, Zusammenfassung, dem Dateinamen für Ihr Buch und verschiedenen anderen Plätzen platzieren. Müllen Sie diese nicht zu und wiederholen Sie sich nicht ständig selbst, aber versuchen Sie sie mit einer Anzahl von Schlüsselwörtern zu würzen.

Es reicht jedoch nicht aus, zu wissen, welche Wörter beliebt sind. Auf die gleiche Art und Weise, wie Sie versucht haben, eine profitable Nische zu finden, über die Sie schreiben können, müssen Sie nun herausfinden, welche

Schlüsselwörter zwar beliebt sind, aber wenig Konkurrenz haben. Es wird nun noch interessanter!

Wir haben in den vorgehenden Sektionen des Beispiel „Angst" verwendet. Für dieses Schlüsselwort gibt es eine unglaublich hohe Anzahl an Konkurrenz, so hoch, dass es sich nicht lohnt, Ihren Fokus auf dieses Wort zu legen. Anstelle dessen ist es besser, längere Schlüsselwörter oder Sätze, die weniger beliebt, aber dafür spezifischer sind zu wählen. Diese Wörter sind leichter anzuvisieren und sie haben in der Regel weniger Konkurrenz, sie erhalten jedoch auch weniger Suchanfragen, als die allgemeinen Begriffe.

Wir haben in dieser Sektion bereits längere Wörter erwähnt:

Angst Phobie Arbeitsheft

Angst Arbeitsheft

Angst Bücher

Angst & Depression

All diese Phrasen sind spezifischer und detaillierter als „Angst" an sich. Infolge dessen wird jede diese Phrasen weniger Suchanfragen insgesamt erhalten. Als Ausgleich dafür sind Leute, die nach diesen längeren Schlüsselwörtern suchen normalerweise eher dazu geneigt, zu kaufen, und es gibt weniger Konkurrenz für diese Resultate.

Zusammenfassend kann man sagen, dass Schlüsselwörter kompliziert sind. Um mit Hilfe von KDP erfolgreich Bücher selbst zu verlegen, müssen Sie die 7 internen Amazon-Schlüsselwörter schätzen, aber auch in Erwägung ziehen, auf beliebten Suchmaschinen, wie Google, gefunden zu werden. Sie können Schlüsselwörter durch den Gebrauch der Amazon-Suchmaschine finden, um vorgeschlagene Eingaben zu sammeln, aber auch durch die Suche nach Volumendaten durch Google Trends. Beachten Sie vor allem die längeren Wörter, die Ihnen helfen können Ihre Nische zu verfeinern und einzukreisen.

SVEN KOCH

Formatierung und Design

Ihr E-Book muss professionell aussehen, was bedeutet, dass Sie sich etwas Zeit nehmen müssen, damit es schön aussieht.

Wählen Sie zu Beginn die richtige Schriftart. Sie können aus einer Auswahl von Schriftarten für Ihr E-Book wählen, Sie müssen jedoch eine lesbare Schrift wählen. Arial oder Georgia sind eine gute Wahl, obwohl eine etwas andere Schriftart Ihr E-Book ein wenig unvergesslicher macht. Der Text sollte Schriftgröße 10 oder 12 haben, auch wenn Amazon die Schriftgröße modifiziert, wenn Ihr Manuskript in HTML übertragen wird.

Gehen Sie sicher, dass Ihr Text in normalem „Stil" geschrieben ist. Stilarten verändern den Abstand des Textes, was beeinflusst, wie es auf Ihrem Bildschirm erscheint. Aber der wichtigste Punkt ist, dass andere Stilarten anders von der Amazon Software, die Ihr Manuskript konvertiert, interpretiert werden. Der normale Stil kennzeichnet den Text als Normal, während andere Stile verwirrend sein können, wie Titel oder Überschriften.

Daher sollten Sie, um Kapitelüberschriften zu erstellen, nicht einfach den normalen Text vergrößern. Stattdessen sollten Sie spezielle Überschriften aus den Stilen Ihres Word-Dokumentes wählen. Diese Überschriften sind normalerweise in Überschrift 1, Überschrift 2 und Überschrift 3 unterteilt. Diese Zahlen formen eine Rangordnung – Überschrift 1 sollte für die Überschriften Ihrer Hauptkapitel verwendet werden, Überschrift 2 für Untertitel und Überschrift 3 für Unter-Untertitel. Sie können auch eine fortgeschrittenere Strukturierung verwenden, falls Sie möchten, auch wenn dies für kleinere E-Books kaum nötig ist.

Die Verwendung von Überschriften erlaubt es Ihnen auch, ein Inhaltsverzeichnis zu erstellen, das die Leute zu den entsprechenden Sektionen führt, wenn sie darauf klicken. Wenn Sie auf den Reiter Verweise in Ihrer Toolbar auf Microsoft Word gehen und dort auf Inhaltsverzeichnis klicken, wird ein Inhaltsverzeichnis erstellt, das die Struktur mit den zuvor erwähnten Überschrift-Stilen enthält. Dies ist bedeutend einfacher, als eine Eingabe von Hand und wird besser auf den Kindle übertragen.

Sie werden auch Ihre Absätze formatieren wollen. Auf Word klicken Sie einfach mit Rechtklick auf irgendeinen Textkörper und wählen Sie die „Absatz" Option. Ein kleines Optionen-Fenster öffnet sich, was Ihnen erlaubt zu wählen, wie Ihre Absätze aussehen sollen. Ästhetische Standards unterscheiden sich, daher sollten Sie so lange experimentieren, bis Sie Einstellungen gefunden haben, die Ihnen gefallen.

In der Regel wird die Wahl eines Zeilenabstandes von 1,5 oder mehr Zeilen Ihren Text sauberer und lesbarer erscheinen lassen. Vielleicht möchten Sie auch einen kleinen Einzug, als Standarteinstellung, zu Beginn eines jeden Absatzes einfügen – 1 bis 1,5 cm sind angemessen.

Sie sollten zum Ende jeden Kapitels Seitenumbrüche einfügen. Ein Seitenumbruch teilt der Amazon-Software mit, dass nach diesem Umbruch kein weiterer Text folgt und ein neues Kapitel begonnen hat. Falls Sie keinen Seitenumbruch eingefügt haben, werden all die leeren Zeilen, die Sie mit Hilfe der Enter-Taste eingefügt haben, ignoriert und die Formatierung wird chaotisch werden. In Microsoft Word kann ein Seitenumbruch manuell hinzugefügt werden, indem Sie auf dem Reiter Layout auf „Seitenumbruch" klicken, oder mit Hilfe der Tastenkombination Ctrl + Return auf Ihrer Tastatur.

Vermeiden Sie ebenso Fehler von anderen Quellen. Wenn Sie einen Text mit Kopieren und Einfügen von einem anderen Ort übertragen, wird dieser die Formatierung der Quelle übernehmen. Um dies zu vermeiden, sollten Sie den Text zuerst in einen einfachen Text Editor, wie zum Beispiel Notepad, einfügen, was alle vorhergehenden Formatierungen entfernt. Kopieren Sie Ihren Text anschließend aus Notepad zurück in Word und wenden die benötigte Formatierung an.

Wählen Sie für die Schrift, in Ihrem Haupttext, nie eine andere Farbe als Schwarz, da es Ihr Buch kindisch wirken lässt. Verschiedene Farben für Ihre Überschriften zu verwenden kann jedoch funktionieren – wählen Sie eine Farbe, die sowohl sanft, als auch auffällig ist (wie zum Beispiel Mittellau).

Innerhalb der Kapitel sollten Sie Gebrauch von Untertiteln machen. Die Leser werden Ihren Text nach den für sie relevanten Abschnitten durchforsten; zumindest solange, bis Sie sie dazu gebracht haben, es gründlich zu lesen. Untertitel können auf der einen Seite den Leuten helfen, Ihren Text zu durchforsten, können auf der anderen Seite jedoch die Neugierde des Lesers nutzen, um sie dazu zu bringen, ausführlicher zu lesen.

Falls all diese Formatierungen zu schwer klingen, können Sie immer jemanden beauftragen, die Drecksarbeit für Sie zu erledigen. Freelancer auf Fiverr formatieren Ihre Arbeit für ein paar Dollar, aber auch auf Upwork sind viele Personen mit dem Formatierungssystem für Kindle vertraut. Falls Sie erwarten, dass Ihr Freelancer für Sie formatiert müssen Sie dies natürlich in der Stellenbeschreibung angeben.

Ein Titelblatt erstellen

Nun, da das Buch geschrieben ist, wird es Zeit, mit dem Titelblatt zu beginnen. Dies ist fast wichtiger, als der Inhalt an sich. Sie müssen aus der Masse herausstechen, nach Aufmerksamkeit heischen, aber gleichzeitig nicht billig wirken. Das ist ein schmaler Grad.

Hier gibt es zwei Optionen. Sie können entweder das Cover selbst, mit Hilfe von verschiedener Software und Tools, die Sie im Internet finden, erstellen, oder Sie können einen Designer damit beauftragen, das Buchcover für Sie zu entwerfen. Falls Sie die erste Option wählen, ist es das Beste, bereits eine Grafikbearbeitungssoftware, wie zum Beispiel Photoshop, zu besitzen und diese auch zu nutzen wissen. Diese Art von Software ist jedoch eine Investition, die Sie locker ein paar hundert Euro, zudem viele Stunden für das Erlernen der Techniken, kosten kann. Selbst mit all diesem Aufwand gibt es keine Garantie darauf, dass Sie tatsächlich gut und fähig sind, anziehende und gut gestaltete Cover zu gestalten.

Wenn sie entschlossen sind, das Titelblatt selbst zu erstellen, ist die bessere Option ein Tool aus dem Internet zu verwenden. Eine Webseite wie Canva ermöglicht es Ihnen zum Beispiel, Designs für Ihr Titelblatt zu produzieren, wobei sich die Kosten nach den Mitteln, die Sie nutzen, richten. Es ist möglich, ein gutes Deckblatt für unter 5 € zu erhalten, auch wenn es ein paar kostenlose Grafiken zum Basteln gibt, wenn Sie Kosten sparen wollen. Der positive Aspekt dieser Online-Instrumente ist, dass sie sehr anfängerfreundlich sind, mit Vorlagen und Standarddesigns, die Sie als Arbeitsgrundlage verwenden können. Dies vermeidet viele der Schwierigkeiten, die Sie mit fortgeschrittener Software (wie Photoshop) haben können, mit dem Nachteil jedoch, dass sie weniger Kontrolle und Finesse bieten.

Alternativ können Sie einfach jemanden beauftragen. Dies muss nicht teuer sein, da die Erstellung eines Buchcovers, für jemanden, mit den richtigen Instrumenten und Erfahrung, nicht sehr lange dauert (in manchen Fällen nur ein paar Minuten).

Der beste Ort, um jemanden für ein solches Projekt zu finden, ist Fiverr. Fiverr ist eine Webseite, die für kleine Aufträge bestimmt ist, welche nur 5 € oder weniger kosten. Sie werden viele talentierte Studenten finden, die neben dem Studium ein wenig Geld verdienen möchten, oder ausländische Professoren, die sich durch Fiverr ein Einkommen sichern können, das zum Leben reicht.

Ein großartiger Aspekt, was Fiverr betrifft, ist die schnelle Umsetzung der Projekte. Leute, die auf Fiverr arbeiten, haben normalerweise eine große Masse an Aufträgen und bearbeiten mehrere hundert Projekte täglich. Dies bedeutet in der Regel, dass sie Ihr Buchcover ziemlich schnell fertigstellen können.

Wie auch bei Upwork sollten Sie klare und präzise Anweisungen geben, nach was Sie suchen. Es kann auch helfen, eine bestimmte Farbkombination vorzuschlagen oder ähnliche Cover oder Layouts, wie das, was Sie sich vorstellen, von anderen Arbeiten.

Eine Beschreibung schreiben

Wenn Sie selbst publizieren, müssen Sie Ihre eigene Beschreibung verfassen, die wohl durchdacht sein muss. Ihre Beschreibung muss nicht nur zu den Schlüsselbegriffen passen, sondern auch frisch und kreativ sein. Sie wollen nicht nur den Inhalt und die Themen, die im Buch behandelt werden, umreißen, sondern auch Gründe liefern, warum Ihr Buch aus der Masse heraussticht. Ein Punkt kann sein, dass Sie mehr Erfahrung haben, als die Konkurrenz, oder, dass Sie eine andere – und bessere – Perspektive als jeder andere befürworten. Sie sollten auch hervorheben, was Ihr Leser dadurch, dass er Ihr Buch liest, gewinnt – die Fähigkeiten, die sie erlangen sollten.

Vermeiden Sie zudem eine zu langatmige Beschreibung. Offiziell können Sie bis zu 4.000 Wörter schreiben, meist wollen Sie jedoch nicht mehr als einen einzigen Absatz verfassen. Große Textblöcke wirken abschreckend und werden die Leute entmutigen, die gesamte Beschreibung zu lesen, wodurch sie dann weniger wahrscheinlich das Buch kaufen werden.

Vermeiden Sie auch, in der Beschreibung über den Verfasser zu reden. Wenn Sie ein Autorenprofil haben, ist dies automatisch mit der Produktbeschreibung verbunden und Sie werden sich selbst wiederholen.

HTML Formatierung

Sie müssen sicherstellen, dass Ihre E-Book Datei in einem unterstützten Format ist. Nicht alle Dateitypen sind möglich, da KDP nur die Folgenden unterstützt:

Word (.doc oder DOC Dateien)

ePub (.epub oder EPUB Dateien)

Plain Text (.txt oder TXT Dateien)

Mobi Pocket (.mobi oder MOBI)

Zipped HTML (.zip oder ZIP)

Adobe PDF (.pdf oder PDF)

MobiPocket konvertiert gut in das HTML Format: Sie können die MobiPocket E-Book Vorlage hier herunterladen. PDF kann genutzt werden, Sie könnten jedoch Probleme beim Konvertieren von Bildern vom PDF in das HTML Format haben. Falls Ihr E-Book aus mehreren Dateien besteht, müssen Sie diese als ZIP-Datei ohne Unterordner hochladen.

Auch wenn Ihr Inhalt eines der akzeptierten Formate hat, wäre es möglich, dass Sie Ihr Dokument gerne ins HTML Format übertragen wollen. Alle KDP Dokumente werden in ein HTML Format übertragen, bevor sie veröffentlicht werden. Indem Sie sich die Zeit nehmen, Ihr Dokument selbst zu konvertieren, können Sie sichergehen, dass es, nach der Konvertierung, zu keinen Problemen bei der Formatierung kommt. Sonst könnte es sein, dass Ihr Struktur und Stil sich verändert, was Ihrer Arbeit ein amateurhaftes Aussehen verleiht.

HTML ist die Sprache der Internet Browser – alle Internetseiten sind im HTML Format geschrieben, was die Browser-Software dann in eine Webseite verwandelt. Mit einem Rechtsklick auf egal welche Internetseite und der Auswahl „Seitenquelltext anzeigen", können Sie normalerweise die unverarbeitete HTML, für jegliche Webseite, sehen.

Sie werden einige Übung im Umgang mit HTML benötigen, falls es Ihnen noch nicht vertraut ist. Glücklicherweise gibt es hunderte von kostenlosen, qualitativ hochwertigen, Webseiten, die das Selbsterlernen solcher Fähigkeiten fördern. Sie können eine bekannte Webseite um HTML zu erlernen, w3schools.com, hier finden.

Nichtsdestotrotz, wenn Ihnen das zu abschreckend erscheint, können Sie noch immer eine der oben genannten Dateitypen verwenden und so lange ausprobieren, bis Sie die Formatierung erhalten, die Sie wollen.

Die Veröffentlichung Ihres Titels

Sie haben Ihr fertiggestelltes Buch nun von Ihrem Freelancer zurückerhalten (oder es selbst fertiggestellt). Sie haben einen Kindle Direct Publishing Account und Sie haben Ihr Titelblatt outgesourct oder entwickelt. Nun ist es an der Zeit, dies alles zusammenzufügen und Ihr Buch auf den Markt zu bringen.

Loggen Sie sich in Ihren KDP Account ein. Klicken Sie auf das Bücherregal und wählen Sie die Option „Neuen Titel hinzufügen". Dies wird Sie zu einem zweiteiligen Prozess führen, um Ihr Buch in den Kindle Shop zu bringen.

Der erste Prozess heißt: „Ihr Buch". Hier fügen Sie Details und Informationen wie:

Titel

Beschreibung

Mitwirkende des Buches

Sprache

Veröffentlichungsrechte

Kategorien

Buchinhalt

Veröffentlichungsdatum

Verleger

ISBN

Such-Schlüsselbegriffe

Produktbild

Wie Sie sehen können, ist diese Liste zweigeteilt. Der obere Teil beinhaltet *erforderliche* Anforderungen, welche Sie vervollständigen müssen, um fortzufahren. Der untere Teil ist auf freiwilliger Basis. In den meisten Fällen werden Sie eine Titelseite (Produktbild) und die Such-Schlüsselbegriffe einfügen wollen. Für das Bild ist die empfohlene Größe 600*800 Pixel in TIPP oder JPEG Format.

Beim Eingeben des Buchinhaltes haben Sie die Option die DRM Technologie zu verwenden. DRM oder Digital Rights Management, ist eine Software, die entwickelt wurde, um andere Menschen davon abzuhalten, Ihre Daten zu kopieren und im Internet zu verbreiten. DRM, einmal angewandt, kann nicht verändert oder von Ihrer veröffentlichten Arbeit entfernt werden, daher sollten Sie diese Option mit Vorsicht verwenden.

Falls Sie Ihr Buch jedoch nicht an anderer Stelle veröffentlicht haben, werden Sie keine ISBN Nummer haben. Ein Verlegername muss nicht der Name einer professionellen Firma sein – es kann auch der Name einer Einzelperson oder einer selbstbenannten Organisation sein.

Was die obere Hälfte betrifft, sollten Sie den Namen des Mitwirkenden mit Bedacht eingeben. Amazon verlangt einen spezifischen Namen im Format Nachname, Vorname (z.B. Terry, Jones). Sie werden wahrscheinlich ein Pseudonym für den Namen des Autors verwenden wollen. Dies kann Ihnen helfen öffentlichen Druck zu vermeiden, wenn der Titel sich nicht gut verkaufen lässt. Zudem wird dann Ihre persönliche Reputation und Ihr Bild nicht mit der Reputation im Kindle Shop zusammengebracht.

Gleichzeitig kann ein Pseudonym Ihnen erlauben, Risiken einzugehen, für welche Sie nicht gerne Ihren Haupt-Account, mit Ihrer Hauptidentität, nutzen möchten, wie erotische oder außergewöhnliche Nischen.

Indem Sie Pseudonyme nutzen, können Sie auch verschiedene Autorennamen für die verschiedenen Nischen, über die Sie schreiben, nutzen. Sie können zum Beispiel für Selbsthilfebücher einen anderen Namen nutzen, als für Diät- und Kochbücher.

Mit dieser Methode werden mehrere Ziele verfolgt. Wenn ein Pseudonym über eine breite Themenvielfalt schreibt, verringert sich das Bild von Autorität, das der Schriftsteller präsentiert. Wenn Ihre Leser glauben, dass Sie ein Experte oder erfahren in der bestimmten Nische sind, sind sie geneigter, Ihr Buch zu erwerben. Es ist damit auch leichter für die Leser, weitere Ihrer Titel zu finden, an welchen Sie wahrscheinlich auch Interesse haben werden.

Wenn Sie ein Pseudonym wählen, wählen Sie etwas, das weder zu gewöhnlich, noch zu exotisch ist. „Michael Müller" kann die Alarmglocken läuten lassen, während ein Name wie Mercedes Columbus zu übertrieben ist. Etwas unauffälliges, wie „Daniel Becker", oder „Thomas Möller" ist weitaus glaubhafter und die Chance ist geringer, ungewollte Aufmerksamkeit auf sich zu ziehen.

Falls Sie natürlich selbst über die Themen schreiben und ein ausgewiesener Experte sind, können Sie Ihren eigenen Namen verwenden und Ihre Fähigkeiten bewerben und vielleicht sogar ein Foto in den Buchinhalt oder die Beschreibung zufügen.

Sobald Sie alle Details eingegeben haben und die benötigte DRM gewählt haben, wählen die Option Durchsuchen, um die Datei auf Ihrem Computer zu suchen. Klicken Sie auf „Öffnen" und gehen Sie weiter zum nächsten Schritt.

Nachdem Sie Ihr Buch hochgeladen haben, werden Sie die Option haben, eine Vorschau Ihres Buches zu sehen. Dies ist eine gute Möglichkeit, um zu sehen, ob das Buch nach der Übertragung Formatierungsfehler aufweist. Wenn Sie Änderungen vornehmen müssen, müssen Sie entweder die komprimierte ZIP Datei herunterladen und den HTML Bereich mit den entsprechenden Tags ändern, oder den Quelleninhalt ändern und sehen, ob dies die Formatierung nach der Konvertierung verändert.

Wenn Sie mit der Vorschau zufrieden sind, klicken Sie speichern und fortfahren. Nun müssen Sie nur noch einen Schritt gehen – sich mit den Inhaltsrechten und der Preisgestaltung befassen.

Sie müssen wählen, ob Ihr Buch globale Rechte, oder individuelle Gebietsrechte abdeckt. Für Ihr eigenes Buch haben Sie wahrscheinlich globale Rechte. Individuelle Gebietsrechte gelten nur für Bücher, die in machen, jedoch nicht allen Ländern, lizenzfrei sind (z.B. kostenlos, lesen und teilen).

Falls aus irgendeinem Grund die zweite Option für Sie gegeben ist, wählen Sie einfach die Aufzählung der Länder aus, für welche Sie das Recht haben, zu veröffentlichen.

Sie müssen nun die richtige Tantiemenoption wählen, entweder 35 oder 70%. Zum Zeitpunkt des Verfassens dieses Buches, sind 70% Tantiemen anwendbar für Bücher, die sich zwischen 2,99 € und 9,99 € verkaufen lassen. Alles andere fällt unter die 35% Kategorie. Infolge dessen werden Sie Ihr Buch für mindestens 2,99 € verkaufen wollen; obwohl auch andere Optionen möglich sind (die richtige Preisgestaltung wird später erklärt).

Diese Tantiemen-Spannen variieren von Region zu Region – im Vereinigten Königreich gelten zum Beispiel Tantiemen zwischen 1,99 £ und 9,99 £, während Brasilien eine größere Spanne von 5,99 R€ bis 24,99 R€ hat. Sie können die Tantiemenbestimmungen für Ihr Land hier einsehen.

Nun müssen Sie im unteren Bereich den genauen Preis angeben, zu welchem Sie Ihr Buch verkaufen möchten. In den meisten europäischen Regionen können Sie Ihren Preis in USD eingeben. Dieser wird dann automatisch in den entsprechenden Betrag in EUR / GBP umgerechnet. Sie können auch einen festen Dollarpreis wählen, zu welchem das Buch immer verkauft werden soll. Wählen Sie das, was Sie mehr anspricht.

Wenn Sie den Verkaufspreis angegeben haben, kann es bis zu 24 Stunden dauern, bis dieser Preis tatsächlich auf der Beschreibungsseite des gefragten Buches auftaucht.

Falls Ihr Buch unter die 35% Tantiemenmarke fällt, haben Sie die Option Ihr Buch zu schützen, sodass es nicht mit der Kindle Ausleihfunktion ausgeliehen werden kann. Diese Funktion ermöglicht es Freunden und Familien Bücher innerhalb verschiedener Kindle Konten, für einen festgelegten Zeitraum, zu teilen. Dies kann sowohl von Vorteil, als auch von Nachteil sein, je nachdem welche Marketingstrategie Sie verfolgen. Falls Sie in den 70% Tantiemenbereich fallen, haben Sie in dieser Hinsicht keine Wahl – Ihr Buch kann verliehen werden, und Sie können nichts dagegen unternehmen.

Klicken Sie das Kästchen am Ende der Seite an, mit welchem Sie bestätigen, dass Sie das Recht zur Veröffentlichung und zum Vertrieb haben und klicken Sie auf Speichern und veröffentlichen. Glückwunsch – Sie haben soeben Ihr erstes Buch veröffentlicht!

Feiern Sie jedoch nicht zu früh. Ein selbstverlegtes Buch muss eine

Überprüfung durchlaufen. Diese dauert bis 48 Stunden für Englische Bücher und bis zu 3 Werktage für anderssprachige Bücher. Sobald Sie eine Meldung der Kindle Seite erhalten, werden Sie wissen, dass Ihr Buch nun erworben werden kann, andernfalls wird es noch immer überprüft.

In der Regel wird Ihr Buch der Überprüfung standhalten, wenn Sie Ihren gesunden Menschenverstand eingesetzt haben. Pornografisches, offensives, illegales, gestohlenes oder kopiertes Material wird dieser Überprüfung nicht standhalten. Zusätzlich darf Ihr Buch die Privatsphäre andere Leute nicht verletzen, Sie dürfen Bilder und andere Software nicht ohne die passende Lizenz verwenden (stellen Sie daher sicher, dass Sie alle Bilder, die Sie benutzen, erworben haben, oder sie lizenzfrei sind). Solange Sie sich an diese Regeln halten, sollte Ihr Buch unbeschadet durch die Überprüfung kommen, egal welche Qualität oder Inhalt es aufweist.

Nachdem Sie eine Bestätigungs-E-Mail erhalten haben, die Sie darüber informiert, dass Ihr Buch nun für die Öffentlichkeit verfügbar ist, sollten Sie Ihr Buch im Kindle Shop auffinden können. Sie können dies entweder über Ihren KDP Account machen, indem Sie über Ihr Bücherregal auswählen, dass Sie Ihr Buch im Kindle Shop ansehen möchten. Alternativ dazu können Sie Ihr Buch im Kindle Shop auf die traditionelle Art und Weise finden – durch die Suchfunktion.

Sobald Ihr Buch Verkäufe erzielt, sollten Sie die Tantiemen automatisch elektronisch überwiesen bekommen, sobald Ihr Kontostand höher als 10 € ist (oder auch 100 €, wenn Sie Ihre Tantiemen per Scheck erhalten wollen).

Bitte beachten Sie, dass diese Zahlungen auch von Ihrer Bank bearbeitet werden müssen, was ein paar zusätzliche Arbeitstage (oder sogar Wochen) bis zur Überweisung darstellen kann.

Zudem sollten Sie beachten, dass Ihre Kontodetails und Ihre KDP Account Details miteinander übereinstimmen müssen. Dies bedeutet nicht, dass Sie kein Pseudonym für Ihr Buch nutzen können, Sie sollten das Pseudonym lediglich nicht in Ihren Kontodetails verwenden.

Preissetzung

Wie hoch ist zu hoch. Oder wie niedrig ist zu niedrig? Den richtigen Preis für Ihr Buch anzugeben ist essenziell für die Erzielung von Verkäufen. Manche Preise sind merklich effektiver als andere, mit fast keiner logischen Erklärung.

Lassen Sie uns zu Beginn die richtigen Momente festlegen, zu denen Sie Ihr Buch unter 2,99 € anbieten können. In der Regel sind dies kleine Bücher (weniger als 60 Seiten auf dem Kindle), welche dafür erstellt sind, um die Aufmerksamkeit und Internetverkehr auf verschiedene Bereiche des Internets zu ziehen.

Diese Bücher enthalten normalerweise mehrere „Mitmachaktionen" die die Leute dazu anregen, entweder mehr Inhalte zu erwerben, verkaufsfördernde Geschäfte abzuschließen oder eine Internetseite zu besuchen. Falls Sie einen Blog oder eine Webseite haben, die Ihr Hauptgeschäft darstellen, kann dieser Buchstil Leute von Amazon einfangen und sie durch die Tür lotsen. Dies funktioniert daher, weil nicht das Buch die Haupteinnahmequelle darstellt, sondern eher eine Webseite oder anderweitige Inhalte, sodass die geringere Tantieme nicht schlimm ist.

Auch wenn man die Höhe der Tantiemen außer Acht lässt, tendieren 99 Cent und 1,99 € Bücher in aller Regel sowieso zu einer toten Zone. Diese Preise vermitteln häufig den Anschein, dass das Buch *zu billig* ist, mit der Schlussfolgerung, dass die fehlende Qualität kompensiert werden muss.

2,99 € ist Ihr E-Book Standard und dies ist wahrscheinlich das preisliche Ziel, zu welchem Sie Ihre E-Books verkaufen wollen. Dies ermöglicht es Ihrem Buch, in die 70% Tantiemenmarke zu fallen, während es gleichzeitig günstig genug ist, um spontan erworben zu werden. Im Grunde genommen ist es als unbekannter Autor schwierig, einen höheren Preis als 2,99 € zu verlangen – Sie werden dadurch die Leute dazu bringen, genauer hinzuschauen, ob der Peris für die gelieferte Qualität angemessen ist.

Je höher die Qualität und je länger Ihr Buch ist, umso praktikabler ist es, einen höheren Preis zu veranschlagen. Wenn Sie die höchste

Preiskategorie, mit 9,99 € planen, muss Ihr E-Book wirklich den höchsten Standard aufweisen. Hier reicht es nicht, einfach die Arbeit auszulagern oder einen vereinfachten Ratgeber für ein Nischenthema zu verfassen – Sie benötigen wirkliche Einsicht und Kenntnis über das Thema, Schreibstil, von einem Experten Korrektur gelesene Inhalte und ein gut designtes Titelbild.

Sobald Sie eine Reputation aufgebaut haben, können Sie mit Preisen zwischen 2,99 € und 9,99 € experimentieren. Wenn Sie viele begeisterte Kommentare von Kunden erhalten haben und viele wiederkehrende Kunden, kann es funktionieren 3,99 € oder sogar 4,99 € zu verlangen – es dauert jedoch, um dahin zu gelangen.

Belletristische Bücher sind unbeständiger, daher können Sie preislich besser variieren. Es geht wirklich fast alles und Sie müssen gewollt sein, auszuprobieren, was in Ihrem Fall das Richtige ist. Bei belletristischen Büchern wird erwartet, dass sie länger sind, probieren Sie daher nicht Ihre 10.000 Wörter umfassende Kurzgeschichte mit 4,99 € festzulegen und damit einen Geldregen zu erwarten.

Sammelboxen

Amazon ermöglicht es Ihnen, Ihre Bücher als Sammelbox anzubieten, ein Angebot, bei dem Sie einen Rabatt für den Erwerb mehrerer Bücher anbieten können. Dies ist eine perfekte Möglichkeit, eine Serie oder Marke zu bewerben, anstelle der einzelnen Bücher. Sie können auch neue Kunden in Richtung Ihrer alten Titel, welche weniger Aufmerksamkeit erhalten, drängen.

Die Preissetzung der Sammelbox sollte selbstverständlich geringer sein, als der einzelne Erwerb der Bücher, gehen Sie jedoch nicht so weit, Ihre Werke zu entwerten. Ein Rabatt von 25 – 50 Prozent ist angemessen. Alles Weitere ist ein zu starker Abfall, sodass es verzweifelt wirkt.

Kommentare und Feedback

Der beste Faktor, um herauszufinden, ob sich Ihr Buch verkauft, ist die Anzahl der positiven Kommentare, die es erhält. Die Leute möchten die Bestätigung, dass Ihr Buch gut ist, bevor sie es kaufen, aber es gibt nichts, das so stark wirkt, um Ihr Buch zu verkaufen, wie echte Kommentare. Amazon stuft positive Kommentare so hoch ein, dass man diesen Faktor sogar in der Suchmaschine wählen kann. Angesehene Bücher werden höher eingestuft, als Bücher, die weniger gut ankommen, selbst wenn die Schlüsselwörter eher auf letzter genanntes abzielen würden.

Im Marketing wird dieses Konzept sozialer Beweis genannt und Sie werden ihn benötigen. Aber wie können Sie ihn erhalten? Sie können damit beginnen, Vorteile aus den verkaufsfördernden Veröffentlichungsinstrumenten zu ziehen, die Amazon bietet, um den Leuten einen Anreiz zu bieten, Ihr Buch zu kaufen und erste Kommentare zu schreiben.

Über Ihren normales KDP Account hinaus, gibt es noch Kindle Select. Kindle Select ist ein Geben und Nehmen – Sie erhalten gewisse Vorzüge, wenn Sie Ihr Buch auf Amazon veröffentlichen, solange Sie versichern, exklusiv zu bleiben, und die Bücher nicht auch über andere Plattformen anzubieten. Sie können entweder Ihren gesamten Katalog bei Kindle Select registrieren, oder auch nur bestimmte Bücher.

Durch die Registrierung bei KDP Select erhalten Sie Zugriff auf zwei werbewirksame Strategien. An erster Stelle gibt es die Kindle Countdown Deals, welche es Ihnen ermöglichen, das Buch für eine gewisse Zeit zu reduziertem Preis anzubieten. Alternativ dazu gibt es Gratis-Werbeaktionen, bei welchen Sie das Buch für einen bestimmten Zeitraum komplett kostenlos anbieten können.

Während beide dieser Strategien Ihnen einen Moment verschaffen können, haben viele Selbstverleger den Eindruck, dass es Ihnen nicht gelingt, Ihr Publikum zu erhalten, sobald dieser Zeitraum endet. Infolge dessen haben viele Selbstverleger beschlossen, ihre Angebote nur für bestimmte Bücher aus einer Serie oder Reihe verfügbar zu machen, was die Leute dazu bringen soll, den Rest zu erwerben. Falls Sie zum Beispiel eine Reihe von

Sachbüchern schreiben, können Sie ein Buch über Stress kostenlos anbieten, was die Leute dazu ermutigen könnte, sich die Bücher über Depression, Ängste und Selbstvertrauen anzuschauen und diese zu erwerben.

Ein weiterer Trick ist es, die Bücher mit Hilfe anderer Webseiten oder anderer Internetmöglichkeiten, zu bewerben. Sie sollten jedem, den Sie auf den sozialen Medien kennen, über Ihre Arbeit erzählen und durch Ihre Follower die Kunde verbreiten. Zumindest sollten Sie Facebook und Twitter nutzen. Aber auch Pinterest, LinkedIn und Google+ haben viele Nutzer, die Sie erreichen können.

Wenn die Vorstellung, Ihre eigenen Konten in den sozialen Netzwerken zu nutzen, Ihnen unangenehm erscheint, können Sie jederzeit Konten für Ihre Pseudonyme erstellen, oder auch als selbsterstellte Werbeorganisation. Wenn Sie diese Variante wählen, müssen Sie zuerst Follower gewinnen, aber dies ist möglich, wenn Sie wissen was im Bereich des guten Medieninhaltes angesagt ist und was nicht. Eine starke Medienpräsenz zu erstellen ist eine Kunst, aber die Haupteigenschaften liegen darin, Bilder Makros zu nutzen, wenig Text, Sinn für virale Trends, regelmäßige Aktivitäten und Mitmachaktionen, welche spezielle Aktivitäten durch Ihre Follower fordern (wie zum Beispiel liken oder teilen).

Wenn Sie nicht eigewilligt haben, exklusiv auf Amazon zu agieren, können Sie andere Plattformen nutzen, um Ihr Buch zu bewerben. Es mag sein, dass Sie für dieses Privileg bezahlen müssen, aber dies ist ein einkalkuliertes Risiko, sobald Sie ein wenig Erfahrung gewonnen haben. DigitalBookToday, Freebooksy und weitere Webseiten ermöglichen es Ihnen, nach Zahlung einer Pauschale, Ihr Buch mit einem Rabatt, deren Millionen von Lesern, anzubieten.

Auch wenn Sie eingewilligt haben, Amazon exklusiv zu nutzen, können Sie noch immer eine kleine Reihe von Beispiel-Büchern an andere Plattformen geben und Sie können Ihr Buch auch immer verlinken und bewerben. Foren für Spezialisten sind, wie auch Gruppen in sozialen Medien, eine gute Anlaufstelle. Es gibt mehrere Gruppen in den sozialen Medien, die im Grunde einfach nur da sind, um kostenlose Produkte zu finden. Sie können jedoch auch Gruppen ausprobieren, die sich auf bestimmte Themengebiete spezialisiert haben. Hier sind auch Twitter und Facebook wieder gute Orte zur Suche.

Falls Sie natürlich eine Webseite oder einen Blog haben, sollten Sie die Nachfrage auf diesen auch für die Werbung für Ihr Buch nutzen.

Zusätzlich können Sie auch für Online-Werbung bezahlen. Im Zeitalter von sozialen Medien und Suchmaschinen ist Werbung nicht wirklich teuer – Sie können mit lediglich ein paar Euro bereits mehrere tausend Leute erreichen.

Facebook ist der regierende Meister der Social Media Werbung, mit duzenden von Anzeigen, die die Seiten der Leute zumüllen. Erstellen Sie einen Account für Ihre E-Books und nutzen Sie Facebook für bezahlte Werbung. Es gibt zwei Möglichkeiten der Facebookwerbung – Sie können entweder einen Beitrag „pushen", sodass er von mehr Leuten gesehen wird, oder Sie bezahlen explizit für eine Werbung und erhalten dadurch ein noch größeres Publikum.

Ebenso ist es sinnvoll, Google Adwords zu betrachten, welches das Werbesystem von Google auf deren Suchmaschine und dazugehörigen Webseiten ist, und mit ähnlichem Prinzip wie Facebook arbeitet.

Für die erfahreneren Vermarkter unter Ihnen, hat bezahlte Werbung den Vorteil, dass Sie Ihr Publikum besser ausfindig machen können und selektiv Leute auswählen können, die Ihre Arbeiten kaufen könnten. Zum Beispiel hat Software wie Google Adwords spezielle Instrumente, um nochmals auf die Leute abzuzielen, die Ihre Amazon-Webseite angeschaut, jedoch nichts gekauft haben. Indem Sie diese Leute wiederholt bewerben und eine subtile psychologische Präsenz zeigen, können Sie sie Schritt für Schritt überreden, Ihre Inhalte zu erwerben, auch wenn sie sonst darauf verzichten würden.

Sie sollten natürlich vorsichtig damit umgehen, wie viel Geld Sie in Werbung investieren. Wenn Sie mehr Erfahrung gewonnen haben, werden Sie einschätzen können, mit welchem Geldbetrag für bezahlte Werbung Sie wie viele Verkäufe erzielen können. Solange Sie dieses Wissen noch nicht haben, ist es das Beste, klein zu beginnen und geringe Beträge auszugeben, um zu sehen, was Sie im Gegenzug dazu erhalten.

Schlussendlich sollten Sie die ersten paar Seiten des Buches dazu nutzen, Ihr Buch zu bewerben. Alle durch KDP selbst publizierten Bücher haben eine Vorschau-Funktion, mit welcher die Leute die ersten 10% des

Buches kostenlos anschauen können. Es ist allgemein bekannt, dass Ihr erstes Kapitel Ihr Publikum fesseln sollte – dies ist besonders dank der 10%-Vorschau richtig.

Tatsache ist, wenn Sie die 10% Vorschau nutzen, um die selbst publizierten Bücher, die mit Ihrem konkurrieren, anzuschauen, werden Sie feststellen, dass die Meisten der erfolgreichsten Titel, direkt nach dem Inhaltsverzeichnis, fast immer ihre anderen Bücher bewerben.

Auf die gleiche Art bewirbt die Einleitung zwar nicht das Buch, jedoch aber den Autor – in einem Ausschnitt seiner Biographie, welche einen Zusammenhang herstellt, warum das Buch geschrieben wurde, die Expertise des Autors und der Weg bis zur Fertigstellung des Buches. Um ehrlich zu sein, sind die meisten davon eher billig, aber dieses erzählerische Vorgehen funktioniert oft, da der bodenständige Ton viele Leser anspricht.

Sie sollten jedoch auch nicht schwafeln. Es ist sinnvoll, wenn Sie innerhalb der ersten 10% zur Sache kommen, da dies Ihren potenziellen Käufern einen echten Einblick gibt, was das Buch tatsächlich bietet.

Als Schlussbemerkung sei gesagt, dass Sie keine hinterhältigen Methoden verwenden sollten, um Kommentare zu erhalten. Amazon hat mehrere Systeme, um falsche Kommentare aufzustöbern und zu entfernen und sie werden es nicht schätzen, wenn sie Sie wiederholt dabei erwischen, das System zu hintergehen.

Dies beinhaltet, Leute dafür zu bezahlen, Ihnen positive Kommentare zu hinterlassen, anderen Autoren anzubieten, ihnen positive Kommentare auf deren Arbeit zu hinterlassen, wenn sie im Gegenzug bei Ihnen einen positiven Kommentar hinterlassen und Ihr Buch Freunden und Familien zu geben, damit diese positive Kommentare hinterlassen. Amazon wird es wahrscheinlich nicht bemerken, wenn Sie ein oder zwei Freunde dazu nutzen, einen positiven Eindruck zu hinterlassen, aber sie werden mit Sicherheit einen andauernden Trend erkennen. Sollten Sie entscheiden, nicht legitime Mittel zu wählen, um Reputation zu erhalten, *gehen Sie vorsichtig vor.*

SVEN KOCH

Inhalte Wiederverwenden

Jedes Buch, welches Sie über Amazon selbst verlegen, hat ein verstecktes Regal-Leben. Auch wenn Sie einen Titel so lange Sie möchten zur Verfügung stellen können, wird Ihr Buch nach einer gewissen Zeit von den Such-Rankings nicht mehr angezeigt werden und durch neueres Material ersetzt werden. Sie werden gleichsam langsam einem Rückgang der Verkäufe vermerken können, wie auch eine größere Konkurrenz durch Ihre Kollegen.

Glücklicherweise können Sie Ihren Inhalt umgestalten, indem Sie ihn auf anderen Plattformen anbieten. Wenn Sie das Gefühl haben, dass ein Buch auf Amazon seinen Reiz verloren hat, kann das Ausprobieren einer neuen Webseite Ihrem Buch einen neuen Aufschwung geben. Sie können eine Wiederveröffentlichung auf Createspace, DigitalBookToday, Bookbub, Freebooksy oder anderen Medien versuchen, sobald die Möglichkeiten auf Amazon ausgeschöpft sind.

Zusammenfassung

Durch Amazon selbst zu veröffentlichen ist eine herausragende Möglichkeit. Für die meisten physisch veröffentlichten Bücher sind die Tantiemen geringer als 10%, sodass Sie nur wenig verdienen, auch wenn tausende von Exemplaren verkauft wurden. Kindle Direct Publishing ermöglicht es Ihnen, bis zu 70% Tantiemen zu erhalten, was Ihnen ermöglicht, ein Gehalt zu realisieren, mit dem Sie leben können, wenn Sie es schaffen ein paar hundert Kopien Ihres Buches zu vertreiben. Darüber hinaus können Sie, wenn Sie erfolgreich sind, sogar ein kleines Vermögen verdienen. Es gibt zahlreiche Millionäre, die dies durch das Selbstverlegen mit KDP erreicht haben.

Dieser Ratgeber hat Ihnen eine vollständige Einführung in die Welt des Selbstveröffentlichens von Kindle-Sachbüchern gegeben. Wir leben in einer nuancierten Welt, die Marketingkenntnisse, Führungsqualitäten, gesunden Menschenverstand und harte Arbeit voraussetzt. Nichtsdestotrotz, wenn Sie erfolgreich sind, werden Sie ein beachtliches passives Einkommen erhalten, mit Hilfe Ihrer eigenen Initiative, und das, ohne Ihr Haus verlassen zu müssen.

Sie verstehen jetzt nicht nur, was beim Kindle Direct Publishing selbst angesagt, oder auch weniger angesagt, ist, sondern auch, wie Sie Schlüsselwörter finden, wie Sie die preisliche Gestaltung vornehmen und, vielleicht noch bedeutender, wie Sie Ihre Fachkollegen kritisch zu betrachten. Zudem haben Sie gelernt, wie Sie Schreibprojekte auslagern, Manuskripte formatieren, Titelblätter finden oder erstellen, soziale Beweise zu erhalten und mehr.

Ich hoffe, dieser Ratgeber hat Ihnen dabei geholfen, Ihr eigenes selbstveröffentlichendes Unternehmen zu gründen und wünsche Ihnen das Beste für Ihre zukünftigen Projekte.

www.ingramcontent.com/pod-product-compliance
Lightning Source LLC
Chambersburg PA
CBHW071838200526
45169CB00020B/1761